Lógica de Programação com Pascal

Lógica de Programação com Pascal

Ana Fernandes Gomes Ascencio

Lógica de Programação com Pascal
© 1999 MAKRON Books do Brasil Ltda.
© 2002 Pearson Education do Brasil Ltda.

Todos os direitos reservados. Nenhuma parte desta publicação poderá ser reproduzida ou transmitida de qualquer modo ou por qualquer outro meio, eletrônico ou mecânico, incluindo fotocópia, gravação ou qualquer outro tipo de sistema de armazenamento e transmissão de informação, sem prévia autorização, por escrito, da Pearson Education do Brasil.

Gerente de Produção: Silas Camargo
Capa: Marcelo Françozo
Editoração Eletrônica: JAG

Dados de Catalogação na Publicação

Ascencio, Ana Fernanda Gomes
   Lógica de Programação com Pascal
   São Paulo : Pearson Makron Books, 1999

ISBN 978-85-346-1063-6

março 2014
Direitos exclusivos para a língua portuguesa cedidos à
Pearson Education do Brasil Ltda.,
uma empresa do grupo Pearson Education
Rua Nelson Francisco, 26
CEP 02712-100 – São Paulo – SP – Brasil
Fone: 11 2178-8686 – Fax: 11 2178-8688
e-mail: vendas@pearson.com

Agradecimentos

Agradeço a DEUS por ter me dado saúde para chegar até aqui. Aos meus pais, JOSÉ ANTONIO e CELI, que sempre me incentivaram, e ao meu marido, EDUARDO, pela paciência e compreensão.

Sumário

Capítulo 1	**Introdução** **1**	
	1.1 Definições Básicas 1	
	1.2 Linguagem Pascal 6	
Capítulo 2	**Itens Fundamentais** **9**	
	2.1 Tipos de Dados 9	
	2.1.1 Numérico 9	
	2.1.2 Lógico 10	
	2.1.3 Literal ou Caractere 10	
	2.2 Variáveis 10	
	2.3 Formação de Identificadores 11	
	2.4 Estrutura Seqüencial 13	
	2.5 Declarações de Variáveis 14	
	2.6 Tipos de Variáveis Predefinidos da Linguagem Pascal ... 14	
	2.7 Definições de Constantes 15	
	2.8 Comentários 15	
Capítulo 3	**Expressões, Operadores e Funções** **17**	
	3.1 Expressões Aritméticas 17	
	3.2 Expressões Lógicas 20	
	3.3 Expressões Literais 22	
	3.4 Lista de Exercícios 23	
Capítulo 4	**Comandos Básicos** **27**	
	4.1 Comando de Atribuição 27	
	4.2 Comando de Entrada 27	

| | | 4.2.1 | Comando READLN .... 27 |
| | | 4.2.2 | Comando READKEY .... 28 |

        4.3   Comando de Saída 28
        4.4   Comando de Posicionamento do Cursor na Tela 28
        4.5   Comando para Limpar a Tela 29
        4.6   Comando para Limpar a Linha 30
        4.7   Comando para Pausar o Programa por Tempo Definido 30
        4.8   Comando para Obter a Hora do Sistema 30
        4.9   Comando para Obter a Data do Sistema 31
        4.10 Formatação 31
        4.11 Comando para Mudar a Cor do Texto 32
        4.12 Comando para Mudar a Cor de Fundo da Tela 32
        4.13 Lista de Exercícios 33

Capítulo 5   Estruturas Condicionais 37
        5.1   Estrutura Condicional Simples 37
        5.2   Estrutura Condicional Composta 38
        5.3   Case 40
        5.4   Lista de Exercícios 42

Capítulo 6   Estruturas de Repetição 49
        6.1   Comando WHILE 49
        6.2   Comando REPEAT ... UNTIL 50
        6.3   Comando FOR 51
        6.4   Lista de Exercícios 53
        Trabalho – Área de Polígonos 57

Capítulo 7   Estruturas de Dados 59
        7.1   Vetor 59
        7.2   Matriz 60
        7.3   Lista de Exercícios 62

Capítulo 8   Subprogramas 65
        8.1   Procedure 65
        8.2   Function 67
        8.3   Unit 69
        8.4   Label 71
        8.5   Lista de Exercícios 72
        Trabalho – Cálculo de Matrizes 77
        Trabalho – Jogo-da-Velha 78
        Trabalho – Jogo da Forca 78
        Trabalho – Jogo de Acertos 78

Capítulo 9   **Arquivos** **79**
            9.1   Arquivos 79
                      9.1.1   Programa de Criação de um Arquivo 79
                      9.1.2   Programa de Inclusão em um Arquivo 80
                      9.1.3   Programa de Exclusão em um Arquivo 80
                      9.1.4   Programa de Alteração de um Arquivo 81
                      9.1.5   Programa de Consulta Geral em um Arquivo 81
                      9.1.6   Programa de Consulta Específica em um Arquivo 82
            9.2   Comando ASSIGN 82
            9.3   Comando REWRITE 82
            9.4   Comando RESET 83
            9.5   Comando CLOSE 83
            9.6   Comando READ 83
            9.7   Comando WRITE 83
            9.8   Comando SEEK 84
            9.9   Comando FILESIZE 84
            9.10   Comando FILEPOS 84
            9.11   Comando NOT EOF 84
            9.12   Declaração de Arquivos 85
            9.13   Exemplo do Programa de Criação de Arquivos 86
            9.14   Exemplo do Programa de Inclusão Seqüencial de Dados
                  em Arquivos 86
            9.15   Exemplo do Programa de Inclusão Ordenada de Dados
                  em um Arquivo 88
            9.16   Exemplo do Programa de Exclusão Física de Dados de um
                  Arquivo 90
            9.17   Exemplo do Programa de Exclusão Lógica de Dados de um
                  Arquivo 92
            9.18   Exemplo do Programa de Alteração de Dados de um Arquivo 93
            9.19   Exemplo do Programa de Consulta Geral de Dados em um
                  Arquivo 94
            9.20   Exemplo do Programa de Consulta Específica de Dados
                  em um Arquivo 95
            9.21   Exemplo de Consulta Formulada de Dados em um Arquivo 96
            9.22   Lista de Exercícios 97
            Trabalho I 98
            Trabalho II 98
Capítulo 10   **Comandos Gráficos** **99**
            10.1   Introdução 99
            10.2   Comando DETECTGRAPH 99
            10.3   Comando INITGRAPH 99

10.4	Comando CLOSEGRAPH	100
10.5	Comando BAR	100
10.6	Comando BAR3D	100
10.7	Comando SETFILLSTYLE	101
10.8	Comando FLOODFILL	101
10.9	Comando CIRCLE	102
10.10	Comando RECTANGLE	102
10.11	Comando GETMAXX	102
10.12	Comando GETMAXY	102
10.13	Comando GETX	103
10.14	Comando GETY	103
10.15	Comando MOVETO	103
10.16	Comando MOVEREL	103
10.17	Comando GETCOLOR	103
10.18	Comando SETCOLOR	104
10.19	Comando GETBKCOLOR	105
10.20	Comando SETBKCOLOR	105
10.21	Comando SETLINESTYLE	105
10.22	Comando LINE	106
10.23	Comando LINETO	106
10.24	Comando CLEARDEVICE	106
10.25	Comando OUTTEXT	106
10.26	Comando OUTTEXTXY	107
10.27	Comando SETTEXTJUSTIFY	107
10.28	Comando SETTEXTSTYLE	107
10.29	Lista de Exercícios	108

Capítulo 1

Introdução

1.1 – *Definições Básicas*

Desde o início da existência do homem, ele tem procurado criar máquinas que o auxiliem em seus trabalhos, diminuindo esforços e economizando tempo. Dentre as máquinas criadas pelo homem, o COMPUTADOR tem-se mostrado a mais versátil, rápida e segura. O COMPUTADOR é um ajudante para auxiliar em qualquer coisa que lhe for solicitada, é ágil, trabalhador e possui muita energia, mas não tem iniciativa, nenhuma independência, não é criativo nem inteligente; por isso precisa de instruções nos mínimos detalhes. A finalidade de um COMPUTADOR é receber, manipular e armazenar dados. Um COMPUTADOR, visto somente como um gabinete composto de circuitos eletrônicos, cabos e fontes de alimentação, não tem utilidade. É através de programas que o COMPUTADOR consegue armazenar dados em discos, imprimir relatórios, gerar gráficos, realizar cálculos, entre outras funções. Portanto, a principal finalidade de um COMPUTADOR é realizar a tarefa de PROCESSAMENTO DE DADOS, isto é, receber dados através de dispositivos de entrada que podem ser, por exemplo, teclado, mouse, scanner, entre outros; realizar operações com estes dados e gerar uma resposta que será expressa em um dispositivo de saída que pode ser, por exemplo, uma impressora, um monitor de vídeo, entre outros.

Portanto, um COMPUTADOR tem duas partes diferentes que trabalham juntas: o HARDWARE, que são as partes físicas, e o SOFTWARE, que são os programas.

Processamento de Dados				
Informações Iniciais	+	Operações sobre as Informações	→	Resposta

Dispositivo de Entrada	→	Memória CPU	→	Dispositivo de Saída

Quando queremos desenvolver um SOFTWARE para realizar qualquer tipo de processamento de dados, vamos escrever um programa ou vários programas interligados, mas para que o COMPUTADOR consiga compreender e executar esse programa, ele deve estar escrito em uma linguagem entendida pelo COMPUTADOR e pelo desenvolvedor de software. É o que chamamos de LINGUAGENS DE PROGRAMAÇÃO.

As etapas para o desenvolvimento de um programa são: ANÁLISE, em que o enunciado do problema será estudado para a definição dos dados de entrada, do processamento e dos dados de saída; ALGORITMO, em que as ferramentas do tipo fluxograma, Chapin ou português estruturado, são utilizadas para descrever o problema com suas soluções. Um algoritmo é a descrição de uma seqüência de passos que deve ser seguida para a realização de uma tarefa; e CODIFICAÇÃO, em que o algoritmo é transformado em códigos da linguagem de programação escolhida para se trabalhar.

Portanto, um programa é a codificação de um algoritmo em uma determinada linguagem de programação.

Exemplo 1 – Faça um programa que receba dois números inteiros, calcule e imprima a divisão do primeiro número pelo segundo número.

Etapa 1 – Análise

Dados de entrada: dois números inteiros

Processamento: calcular a divisão do primeiro número pelo segundo número, mas o segundo número deve ser diferente de zero, pois não existe divisão por zero

Dados de saída: mensagem ou resultado da divisão

Etapa 2 – *Algoritmo em fluxograma*

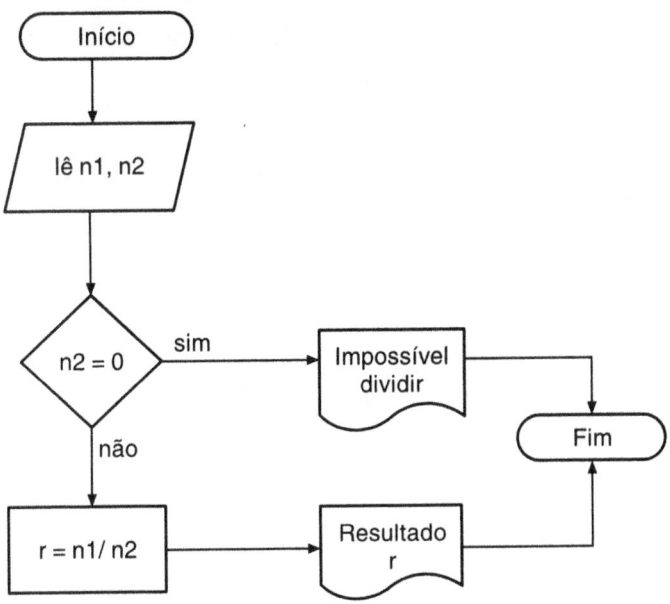

Etapa 3 – *Codificação na linguagem de programação PASCAL*

```
PROGRAM EXEMPLO;
USES CRT;
VAR N1,N2 : INTEGER;
      R : REAL;
BEGIN
CLRSCR;
READLN(N1,N2);
IF N2 = 0
   THEN WRITELN('IMPOSSÍVEL DIVIDIR')
   ELSE BEGIN
        R := N1/N2;
        WRITELN('RESULTADO = ',R:8:2);
        END;
END.
```

Exemplo 2 – Faça um programa que receba dois números reais, calcule e imprima a média aritmética entre eles.

Etapa 1 *– Análise*

Dados de entrada: dois números reais

Processamento: calcular a média aritmética, somar os dois números e dividir por dois

Dados de saída: o resultado da média

Etapa 2 *– Algoritmo em português estruturado*

```
INICIO
LER N1, N2
M = ( N1 + N2 ) / 2
IMPRIMIR M
FIM.
```

Etapa 3 *– Codificação na linguagem de programação PASCAL*

```
PROGRAM EXEMPLO;
USES CRT;
VAR N1, N2, M : REAL;
BEGIN
CLRSCR;
READLN(N1,N2);
M := ( N1 + N2) / 2;
WRITELN(' MÉDIA = ', M:8:2);
END.
```

Exemplo 3 – Faça um programa que receba três notas de um aluno, calcule a média aritmética entre as três notas e imprima mensagem de aprovado ou reprovado, considerando média de aprovação 7.

Etapa 1 *– Análise*

Dados de entrada: três notas

Processamento: as notas devem estar entre 0 e 10; calcular a média aritmética somando as três notas e dividindo por três

Dados de saída: mensagem de aprovado ou reprovado de acordo com a média de aprovação 7

Etapa 2 – *Algoritmo em fluxograma*

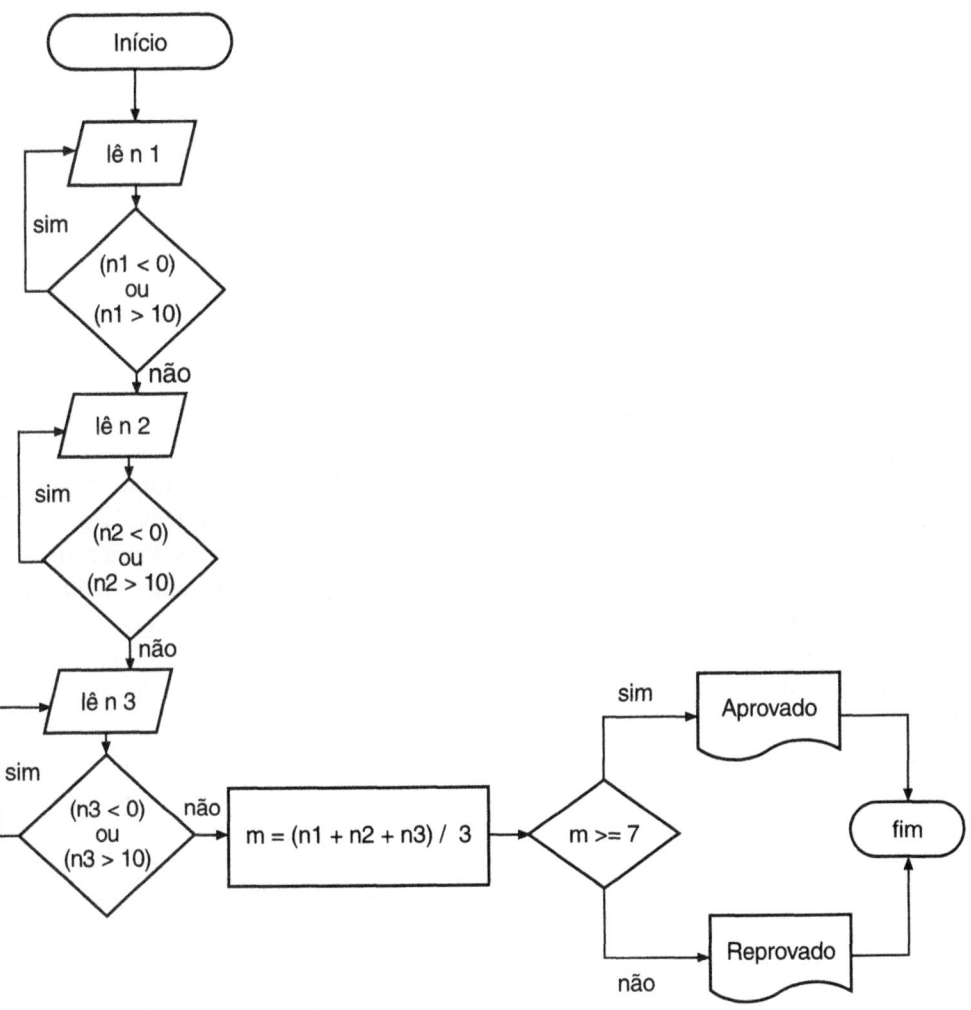

Etapa 3 – *Codificação na linguagem de programação PASCAL*
```
PROGRAM EXEMPLO;
USES CRT;
VAR N1,N2,N3, M : REAL;
BEGIN
CLRSCR;
READLN(N1);
```

```
WHILE (N1 < 0) OR (N1 > 10) DO
    READLN(N1);
READLN(N2);
WHILE (N2 < 0) OR (N2 > 10) DO
    READLN(N2);
READLN(N3);
WHILE (N3 < 0) OR (N3 > 10) DO
    READLN(N3);
M:= (N1 + N2 + N3) / 3;
IF M >= 7
    THEN WRITELN('APROVADO')
    ELSE WRITELN('REPROVADO');
END.
```

1.2 – Linguagem Pascal

Depois desta rápida visão sobre programas vamos nos dedicar mais à linguagem de programação PASCAL, que é o objetivo do nosso estudo. PASCAL foi desenvolvida em 1968 por Niklaus Wirth na Suíça e é destinada principalmente à programação científica, mas sua grande evolução permitiu que nos dias de hoje ela seja utilizada para qualquer fim.

Por ser uma linguagem estruturada, isto é, linguagem que possui regras para a escrita de seus programas, é muito utilizada nas universidades por alunos que se iniciam na programação. A linguagem PASCAL possui um ambiente integrado de desenvolvimento chamado TURBO PASCAL, isto é, um editor que permite ao desenvolvedor do programa digitar, salvar e modificar o código dos seus programas; um compilador que converte os códigos dos seus programas em instruções de máquina e, juntamente com o editor, permite que você compile, isto é, verifique a existência de erros de sintaxe nos seus programas sem retornar ao sistema operacional; um depurador que lhe permite inspecionar um programa durante a sua execução, facilitando a localização de erros; um sistema de ajuda ativo que oferece diferentes níveis de informações; e ainda um ambiente de execução propriamente dito, composto por arquivos de extensão PAS, que lhe permite executar os programas sem sair do TURBO PASCAL, ou, se preferir, com arquivos de extensão EXE, que lhe permite gerar arquivos que serão executados fora do ambiente TURBO PASCAL.

Portanto, para se fazer um programa utilizando a linguagem de programação PASCAL devemos dar os seguintes passos: Análise do enunciado do problema, algoritmo, compilação e execução propriamente dita.

O ambiente de desenvolvimento TURBO PASCAL trabalha com sistema de menus, e a sua tela principal possui:

→ barra de menu, que é utilizada para acessar os comandos dos menus e as caixas de diálogos;
→ área principal em que são escritos os programas;
→ linha de estado.

Cada um dos menus da barra principal possui as seguintes funções:

Menu	Funções
FILE	Fornece um conjunto de opções para administrar os seus arquivos. As operações disponíveis incluem criar, abrir, salvar e imprimir arquivos; alterar diretórios, acessar o DOS e sair do TURBO PASCAL.
EDIT	Fornece todas as operações de edição necessárias, tais como cortar, colar e copiar, para criar e modificar arquivos.
SEARCH	Permite-lhe procurar um texto e efetuar operações de busca e substituição.
RUN	Fornece os comandos necessários para executar programas e iniciar o processo de depuração.
COMPILE	Fornece os comandos e as opções para compilar e construir um programa.
DEBUG	Fornece os comandos e as opções para controlar o depurador.
OPTIONS	Fornece opções de configuração do compilador, do editor, do depurador e do ambiente.
WINDOW	Fornece os comandos necessários para acessar e controlar as várias janelas disponíveis no ambiente.
HELP	Permite-lhe acessar o sistema de ajuda.

Capítulo 2

Itens Fundamentais

2.1 – Tipos de Dados

2.1.1 – Numérico

Os dados numéricos dividem-se em dois grupos: inteiros e reais.

Os números inteiros podem ser positivos ou negativos e NÃO possuem parte decimal. Este tipo de dado, quando armazenado na memória do computador, ocupa 2 bytes; por isso temos $2^8 \times 2^8 = 2^{16} = 65536$ possibilidades de representação dos números inteiros. Portanto, a faixa de valores inteiros possíveis vai de –32767, –32766, ..., 0, ..., 32767, 32768. Exemplos:

```
–23
 98
  0
1350
–357
 237
 –2
```

Os números reais podem ser positivos ou negativos e possuem parte decimal. Esse tipo de dado, quando armazenado na memória do computador, ocupa 6 bytes; por isso temos $2^8 \times 2^8 \times 2^8 \times 2^8 = 2^{32}$ possibilidades de representação dos números reais. Portanto, a faixa de valores reais possíveis é muito maior e possui de 11 a 12 dígitos significativos com sinal. Exemplos:

23.45
346.89
–34.88
0.0
–247.0

Observação: Na linguagem PASCAL a separação entre a parte inteira e a parte decimal de um número é feita pelo ponto (.), e a simples presença do ponto já significa que é um número real.

2.1.2 – Lógico

São chamados dados booleanos e são representados pelas palavras TRUE e FALSE, isto é, verdadeiro e falso. Esse tipo de dado, quando armazenado na memória do computador, ocupa 1 byte, pois possui apenas duas possibilidades de representação.

2.1.3 – Literal ou Caractere

São dados formados por um único caractere ou por uma cadeia de caracteres. Esses caracteres podem ser as letras maiúsculas, as letras minúsculas, os números e os caracteres especiais (&, #, @, ?, +). Esse tipo de dado, quando armazenado na memória do computador, ocupa 1 byte para cada caractere. Exemplos:

'aluno'
'1234'
'@ internet'
'0.34'
'1 + 2'

Observação: Os dados do tipo literal na linguagem PASCAL são sempre representados entre apóstrofos.

2.2 – Variáveis

Quando fazemos um programa, este normalmente recebe dados, os quais precisam ser armazenados no computador para que possam ser utilizados no processamento; esse armazenamento é feito na memória.

Todos os computadores com suas respectivas memórias trabalham com sistema numérico binário, isto é, qualquer dado que entra no computador para ser armazenado é convertido para binário, isto é, transformado em 0 e 1, e esses dados binários serão armazenados nos bytes (8 bits) da memória, e cada byte é conhecido como *endereço*.

Todos os caracteres existentes possuem um caractere numérico correspondente na tabela ASCII, e esse numérico é transformado em binário pelo método da divisão para então ser armazenado na memória.

Exemplo de transformação em binário:

A = 65

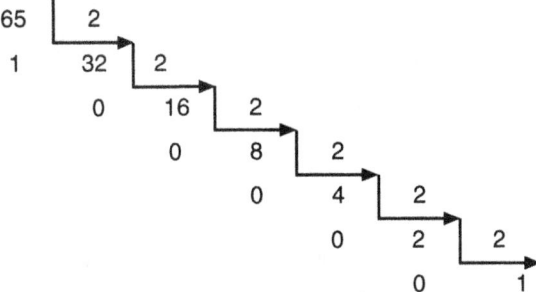

A = 65 = 01000001

Todo computador possui uma tabela de alocação que contém o nome da variável, o tipo da variável (para saber quantos bytes ocupará) e o seu endereço inicial de armazenamento. Portanto, quando queremos buscar algum dado na memória, basta sabermos o nome da variável para o computador buscá-lo automaticamente através da tabela de alocação.

2.3 – Formação de Identificadores

Os identificadores são os nomes das variáveis, dos programas, das constantes, das rotinas e unidades.

As regras básicas para a formação dos identificadores são:

→ podem ter qualquer tamanho. Entretanto, apenas os 63 primeiros caracteres são utilizados pelo compilador;
→ os caracteres que você pode utilizar na formação dos identificadores são: os números, as letras maiúsculas, as letras minúsculas e o caractere sublinhado (_);
→ o compilador não faz diferença entre letras maiúsculas e minúsculas; portanto, o identificador NUM é exatamente igual ao identificador num;
→ o primeiro caractere deve ser sempre uma letra ou o caractere sublinhado;
→ não são permitidos espaços em branco e caracteres especiais (@, $, +, -, %, !);
→ não podemos usar as palavras reservadas nos identificadores.

Palavras Reservadas: são nomes utilizados pelo compilador para representar comandos de controle do programa, operadores e nomes de seções de programas. As palavras reservadas da linguagem PASCAL são:

AND	END	NIL	SHR
ASM	FILE	NOT	STRING
ARRAY	FOR	OBJECT	THEN
BEGIN	FUNCTION	OF	TO
CASE	GOTO	OR	TYPE
CONST	IF	PACKED	UNIT
CONSTRUCTOR	IMPLEMENTATION	PROCEDURE	UNTIL
DESTRUCTOR	IN	PROGRAM	USES
DIV	INLINE	RECORD	VAR
DO	INTERFACE	REPEAT	WHILE
DOWNTO	LABEL	SET	WITH
ELSE	MOD	SHL	XOR

Exemplos de identificadores válidos:

A
a
nota
NOTA
X5
A32
NOTA1
MATRICULA
nota_1
dia
IDADE

Exemplos de identificadores inválidos:

5b
e 12
x-y
prova 2n
nota(2)
case
SET

2.4 – Estrutura Seqüencial

```
PROGRAM < nome do programa >;
USES < nome das unidades >;
CONST < nome da constante = valor da constante >;
LABEL < nome do rótulo >;
TYPE < nome do tipo = valores do tipo >;
VAR < nome da variável : tipo da variável >;
PROCEDURE < nome do procedimento >;
FUNCTION < nome da função : tipo do dado retornado >;
BEGIN
      BLOCO DE COMANDOS;
END.
```

Dentro da estrutura seqüencial de um programa podemos ter as seções citadas acima e suas funções são:

Seção	Função
PROGRAM	É o cabeçalho do programa e serve apenas como documentação. É formado pela palavra reservada PROGRAM, por um identificador e por um ponto-e-vírgula (;).
USES	Indica quais unidades serão usadas.
CONST	Define as constantes.
LABEL	Define os nomes dos rótulos.
TYPE	Declara os tipos criados pelo usuário.
VAR	Define as variáveis do programa e seus respectivos tipos.
PROCEDURE	Define um procedimento.
FUNCTION	Define uma função.
BEGIN	Inicia o bloco principal do programa.
END	Termina o bloco principal do programa.

Observação: Na linguagem PASCAL o ponto-e-vírgula (;) serve como separador de comandos.

Um programa simples tem a seguinte estrutura:

```
PROGRAM < nome do programa >;
< declaração das variáveis >;
BEGIN
< bloco de comandos >;
END.
```

2.5 – Declarações de Variáveis

As declarações de variáveis são obrigatórias para validar os identificadores. Todas as variáveis devem ser incluídas em uma única declaração da forma:

```
VAR    lista de variáveis : tipo;
       lista de variáveis : tipo;
```

Onde lista de variáveis são os identificadores das variáveis do mesmo tipo separados por vírgulas, e tipo é o conjunto de valores que podem ser atribuídos a essas variáveis.

2.6 – Tipos de Variáveis Predefinidos da Linguagem Pascal

Tipo	Representação	Faixa	Tamanho
SHORTINT	Numérico Inteiro	–128 a 127	1 Byte
INTEGER	Numérico Inteiro	–32768 a 32767	2 Bytes
LONGINT	Numérico Inteiro	–2147483648 a 2147483647	4 Bytes
BYTE	Numérico Inteiro	0 a 255	1 Byte
WORD	Numérico Inteiro	0 a 65535	2 Bytes
REAL	Numérico Real	$2.9 \times 10{-39}$ a 1.7×1038 (11 a 12 Dígitos com Sinal)	6 Bytes
SINGLE	Numérico Real	$1.5 \times 10{-45}$ a 3.4×1038 (7 a 8 Dígitos com Sinal)	4 Bytes
DOUBLE	Numérico Real	$5.0 \times 10{-324}$ a 1.7×10308 (15 a 16 Dígitos com Sinal)	8 Bytes
EXTENDED	Numérico Real	$3.4 \times 10{-4932}$ a 1.1×104932 (19 a 20 Dígitos com Sinal)	10 Bytes
COMP	Numérico Real	-9.2×1018 a 9.2×1018 (19 a 20 Dígitos, Inteiros)	8 Bytes
BOOLEAN	Lógico	True ou False	1 Byte
CHAR	1 Caractere	Qualquer Caractere	1 Byte
STRING	Cadeia de Caracteres	Qualquer Conjunto de Caracteres	Tantos Bytes Quantos Forem os Caracteres

Exemplos de declarações de variáveis:

```
VAR   A,B : REAL;
      X1,X2 : INTEGER;
      NOME : STRING[25];
      NUM : CHAR;
      Y : BOOLEAN;
```

2.7 – Definições de Constantes

As definições das constantes são feitas antes das declarações das variáveis. Todas as constantes devem ser incluídas em uma única definição da forma:

```
CONST   nome da constante = valor;
        nome da constante = valor;
```

Onde nome da constante é o identificador da constante, e valor é o valor que esse identificador vai assumir durante toda a execução do programa, sem ser alterado.

Exemplos de definições de constantes:

```
CONST   NOME = 'ANA FERNANDA';
        NUM = 23.7;
        LETRA = 'A';
```

2.8 – Comentários

Os comentários não são interpretados pelo compilador, servem apenas para esclarecer o programador, são excelentes instrumentos de documentação e devem sempre estar entre {........} ou entre (*............*).

Exemplos de comentários:

```
PROGRAM TESTES; {PROGRAMA QUE REALIZA TESTE VOCACIONAL}
VAR X, A : INTEGER;       (* VARIÁVEIS INTEIRAS *)
```

Capítulo 3

Expressões, Operadores e Funções

3.1 – Expressões Aritméticas

São escritas linearmente usando a notação matemática, tendo como resposta sempre um valor numérico. Os operadores matemáticos são:

Operador	Função
+	Somar
–	Subtrair
*	Multiplicar
/	Dividir
Div	Quociente inteiro
Mod	Resto da divisão

Operadores	Operandos	Resultado
+	Z ou R	Z ou R
–	Z ou R	Z ou R
*	Z ou R	Z ou R
/	Z ou R	R
Div	Z	Z
Mod	Z	Z

Os operadores Div e Mod só podem ser aplicados com operandos inteiros.

O operador / sempre conduz a um resultado real.

Com os operadores +, –, * e / , se pelo menos um dos operandos for real, então o resultado será real.

Exemplos de expressões aritméticas:

```
3 . * 3 = 9.
9 / 2 = 4.5
9 DIV 2 = 4
9 MOD 2 = 1
2 DIV 9 = 0
2 MOD 9 = 2
2 / 9 = 0.22
2 + 4.6 = 6.6
```

Algumas funções aritméticas predefinidas são:

Função	Argumento	Resultado	Pascal
$|x|$	Z ou R	Z ou R	ABS(X)
e^X	Z ou R	R	EXP(X)
sen x	Z ou R	R	SIN(X)
cos x	Z ou R	R	COS(X)
arctg x	Z ou R	R	ARCTAN(X)
ln x	Z ou R	R	LN(X)
Parte inteira de x	R	Z	TRUNC(X)
Arredondar x	R	Z	ROUND(X)
parte fracionária de x	R	Z	FRAC(X)
raiz quadrada de x	Z ou R	R	SQRT(X)
x^2	Z ou R	Z ou R	SQR(X)
π	–	R	PI
Incrementar	Z	Z	INC(X, VALOR)
Decrementar	Z	Z	DEC(X, VALOR)

Observação: Por não existir o operador potencialização, temos:

A^B = EXP(B*LN(A))

Exemplos de potencialização:

3^4 = exp(4*ln(3))

5^{10} = exp(10*ln(5))

Raiz cúbica de 8 = 8 $^{1/3}$ = exp(1/3*LN(8))

Raiz enésima de M = M $^{1/N}$ = exp(1/N *LN(M))

Observação: As funções SIN, COS e ARCTG esperam receber argumentos no formato de radianos. Para receber argumentos em graus faça:

Exemplo com variável para o valor de π:

```
VALORPI := 3.1415;
READLN(X); { X EM GRAUS }
Y :=  SIN ((VALORPI * X) / 180);
```

ou

Exemplo utilizando a função PI:

```
READLN(X); { X EM GRAUS }
Y :=  SIN ((PI * X) / 180);
```

As prioridades entre os operadores são:

1º ( )
2º funções
3º *, /, DIV, MOD
4º +, −

Observação: Em caso de empate entre as prioridades, resolver da esquerda para a direita.

Exemplos de expressões aritméticas utilizando as prioridades:

A = 3.0   B = 2.0   C = 7   D = 4

```
A / B * (C MOD D)
3.0 / 2.0 * (7 MOD 4)
3.0 / 2.0 * 3
1.5 * 3 = 4.5
```

A = 4   B = 5.2   C = −8   D = 0

```
(B + A * SQRT(A) + ABS(C) ) * D
(5.2 + 4 * SQRT(4) + ABS(-8) ) * 0
(5.2 + 4 * 2 +8) * 0
(5.2 + 8 + 8) * 0
(21.2) * 0 = 0
```

3.2 – Expressões Lógicas

São expressões cujos operadores são lógicos e cujos operandos são relações, tendo como resposta sempre um valor booleano (true ou false). Uma relação é uma comparação entre valores do mesmo tipo. Os operadores relacionais são:

=	Igual
< >	Diferente
< =	Menor Igual
> =	Maior Igual
<	Menor
>	Maior

Exemplos de relações:

X = 1   Y = 2   Z = 5

```
X * X + Y > Z
1 * 1 + 2 > 5
1 + 2 > 5
3 > 5
```

Resultado da expressão booleana: FALSE

X = 4   Y = 3   Z = 1

```
X * X + Y > Z
4 * 4 + 3 > 1
16 + 3 > 1
19 > 1
```

Resultado da expressão booleana: TRUE

Os operadores lógicos são: AND, OR e NOT, que significam "E", "OU" e "NÃO", sendo usados para conjunção, disjunção e negação respectivamente.

Tabela E	Tabela OU	Tabela NÃO
V e V = V	V ou V = V	não V = F
V e F = F	V ou F = V	não F = V
F e V = F	F ou V = V	
F e F = F	F ou F = F	

Uma função lógica predefinida é:

ODD (X) - retorna valor TRUE se X é um número ímpar ou retorna FALSE se X é um número par.

As prioridades entre os operadores lógicos são:

1º ( )
2º funções
3º NOT
4º *, /, DIV, MOD, AND
5º +, −, OR
6º =, < >, <, <=, >, >=, IN

Observação: Em caso de empate entre as prioridades, resolver da esquerda para a direita.

Exemplos de expressões lógicas:

```
X = 2
Y = 5
Z = 9
NOME = 'MARIA'
SIM = FALSE

(NOME = 'JORGE') AND SIM OR (SQR(X) < Z * 10)
('MARIA'='JORGE') AND FALSE OR (SQR(2) < 90)
     FALSE AND FALSE OR TRUE
     FALSE OR TRUE
          TRUE

X = 4
Y = 9
SIM = TRUE
NOME = 'ANA'
```

```
SQR(X) > SQRT(Y) OR NOT SIM AND NOME = 'PEDRO'
SQR(4) > SQRT(9) OR NOT TRUE AND 'ANA' = 'PEDRO'
16 > 3 OR NOT TRUE AND FALSE
TRUE OR FALSE AND FALSE
TRUE OR FALSE
    TRUE
```

3.3 – Expressões Literais

São expressões cujas respostas são valores literais. Veja a seguir algumas funções literais predefinidas:

ORD (A)	Retorna um valor inteiro que indica o valor de A no código ASCII. EX.: B = ORD(A); B = 65
CHR(65)	Retorna um caractere que é representado pelo número 65 no código ASCII. EX.: B = CHR(65); B = 'A'
SUCC(X)	Retorna o sucessor de X no código ASCII. EX.: B = SUCC(F); B = 'G' B = SUCC(6); B = 7
PRED(X)	Retorna o predecessor de X no código ASCII. EX.: B = PRED(9); B = 8 B = PRED(F); B = 'E'

No tratamento de cadeia de caracteres, temos as seguintes funções predefinidas:

COPY *(cadeia, posição, número)*
Copia da *cadeia*, a partir da *posição* dada, o *número* de caracteres estipulados.

LENGTH *(cadeia)*
Mostra o número de caracteres da *cadeia*.

POS *(cadeia1, cadeia2)*
Mostra em que posição a *cadeia1* aparece dentro da *cadeia2*.

DELETE *(cadeia, posição, número)*
Apaga da *cadeia*, a partir da *posição* dada, o *número* de caracteres estipulados.

INSERT *(cadeia1, cadeia2, posição)*
Insere na *cadeia2* a *cadeia1* a partir da *posição* dada.

CONCAT(*cadeia1,cadeia2,cadeia3*) OU *cadeia1+cadeia2+cadeia3*
Soma as cadeias.

Exemplo de programa que utiliza as funções de tratamento de cadeia de caracteres:

```
PROGRAM EXEMPLO;
CONST    LISTA = 'ABCDEFGHIJKLMN';
         SEQ = 'HI';

VAR   K,M : INTEGER;
      X, Y, Z, W : STRING[25];

BEGIN
K := POS(SEQ,LISTA);
M := LENGTH(SEQ);
X := COPY(LISTA,7,M+2);
Y := COPY(LISTA, K, K-1);
Z := SEQ + LISTA + SEQ;
W := '***' + COPY(LISTA,1,2) + '***';
END.

K = 8;
M = 2;
X = 'GHIJ';
Y = 'HIJKLMN';
Z = 'HIABCDEFGHIJKLMNHI';
W = '***AB***';
```

3.4 – Lista de Exercícios

1) Identifique o tipo dos dados:

   (a) numérico inteiro;
   (b) numérico real;
   (c) lógico;
   (d) literal;

   ( ) true   ( ) 45.0   ( ) 1234   ( ) 0.0
   ( ) 'aula'   ( ) 'c*d'   ( ) –234   ( ) '1 2 3 4'
   ( ) –0.342   ( ) 35.23   ( ) '34'   ( ) –18.589
   ( ) ' '   ( ) –354.0   ( ) –15.E2   ( ) false
   ( ) 0   ( ) 897   ( ) 'false'   ( ) –23

2) Indique os identificadores como válidos ou inválidos:

   (a) identificador válido;
   (b) identificador inválido;

   ( ) ano
   ( ) media_salario
   ( ) ai!
   ( ) A15B34
   ( ) 'aula'
   ( ) 3/1

3) Faça a declaração de 3 variáveis do tipo numérica inteira, 2 variáveis do tipo numérica real, 2 variáveis de um único caractere e 2 variáveis do tipo cadeia de caracteres com 15 caracteres.

4) Indique qual o resultado das expressões aritméticas abaixo:

   Sendo: $x = 6.0$ $y = 2$ $z = 4.0$ $a = 8$ $b = 7.5$ $c = 7.7$
   　　　 $d = 12$ $p = 4$ $q = 3$ $r = 10$ $s = 2.5$

   a) x + y − z * a
   b) d div y
   c) d mod y
   d) y div d
   e) y mod d
   f) ((z / a) + b * a) − d
   g) 100 * (q div p) + r
   h) p * (r mod q) − q / 2
   i) sqrt (r − sqr (q)) + round (c)
   j) abs (a − b * y − d)

5) Dadas as informações abaixo, informe qual o valor das relações (true ou false):

   a) a = 2.0 , b = 9.0 , nome = 'ana' , profissão = 'advogado'

   　　a + 1 >= sqrt (b)　　　　( )
   　　nome < > 'ana'　　　　　　( )
   　　profissão = 'médico'　　　　( )

   b) a = 6.0 , b = 121.0 , nome = 'pedro' , profissão = 'médico'

   　　a + 1 >= sqrt(b)　　　　 ( )
   　　nome < > 'ana'　　　　　　( )
   　　profissão = 'médico'　　　　( )

c) x = 3 , y = 4 , z = 16 , nome = 'maria' , sim = true
   (x + y > z) and nome = 'maria'   ( )
   sim or (y > = x)   ( )
   not sim and (z div y + 1 = x)   ( )
   nome = 'josé' and (x + y + z < sqr (y)) ( )

6) Dado o programa abaixo, indique os conteúdos definidos após a execução dos comandos.

```
PROGRAM EX7;
CONST LISTA = 'PROCESSAMENTODEDADOS';
   SEQ = 'PPPP';
   SEQ1 = 'DE';

VAR K,M       :INTEGER;
  A,X,Y,Z,W:STRING[30];

BEGIN
K:=POS(SEQ1,LISTA);
M:=LENGTH(SEQ);
X:=COPY(LISTA,7,M+2);
Y:=COPY(LISTA,K-10,M-1);
Z:=SEQ+LISTA;
A:=SEQ+SEQ1+SEQ;
W:='***'+COPY(LISTA,1,2)+'***';
END.
```

7) Dadas as declarações:

   VAR NUM:INTEGER;
     SOMA,X:REAL;
     SIMBOLO:CHAR;
     NOME,COR,DIA:STRING[30];
     COD,TESTE,TUDO:BOOLEAN;

   Assinale os comandos de atribuição inválidos:
   ( ) SIMBOLO:=5;   ( ) SOMA:=NUM+2*X;
   ( ) TESTE:=COR OR (SQR(X) <> SOMA);   ( ) TUDO:=SOMA;
   ( ) COR:='PRETO';   ( ) X:=X+1;
   ( ) NUM:='*ABC*';   ( ) DIA:='SEGUNDA';

Capítulo 4

Comandos Básicos

4.1 – Comando de Atribuição

Este comando é utilizado para atribuir valores a variáveis e, na linguagem PASCAL, é representado por := (*dois-pontos* seguidos do *sinal de igual*).

Exemplos de comando de atribuição:

cor := 'verde';
teste := false;
média := (n1 + n2) / 2;
x := odd(4);

4.2 – Comando de Entrada

4.2.1 – Comando READLN

O comando de entrada READLN é utilizado para receber dados do teclado, e sua sintaxe é:

```
READLN(nome da variável);
READLN(lista de variáveis);
```

Exemplo de comandos de entrada:

```
READLN(X);
READLN(A,B);
```

Neste comando, os dados só serão atribuídos à variável quando for pressionada a tecla RETURN ou ENTER.

4.2.2 – Comando READKEY

O comando de entrada READKEY é utilizado para receber uma única tecla do teclado; a tecla digitada não aparecerá na tela. A sintaxe do comando READKEY é:

```
ENTRADA := READKEY;
```

O valor da tecla digitada será colocado na variável ENTRADA. Caso a tecla pressionada não seja nem letra nem número, o valor retornado será zero.

Neste comando não é preciso pressionar RETURN para a atribuição do valor à variável, e esse comando deve sempre ser utilizado com a unidade CRT.

4.3 – Comando de Saída

Os comandos de saída disponíveis são: WRITE e WRITELN, e suas sintaxes são:

```
WRITE(lista de identificadores e/ou constantes e/ou expressões)

WRITELN(lista de identificadores e/ou constantes e/ou expressões)
```

Exemplos de comandos de saída:

```
WRITE('ENTRE COM O NOME');
WRITELN(A + B);
WRITELN('HOJE É DIA', DIA);
WRITE('DIGITE A IDADE');
```

Observação: A diferença entre estes dois comandos é que o comando WRITE imprime seu conteúdo e o cursor permanece na mesma linha do monitor, enquanto o comando WRITELN imprime seu conteúdo, e o cursor será deslocado para a linha de baixo.

4.4 – Comando de Posicionamento do Cursor na Tela

O comando GOTOXY serve para posicionar o cursor na tela e deve sempre ser usado com a unidade CRT. A tela do vídeo é organizada em 80 colunas e 25 linhas, e cada posição pode conter um único caractere. A sintaxe do comando GOTOXY é:

```
GOTOXY(coluna,linha);
```

Exemplo do comando GOTOXY:

```
GOTOXY(2,10);
```

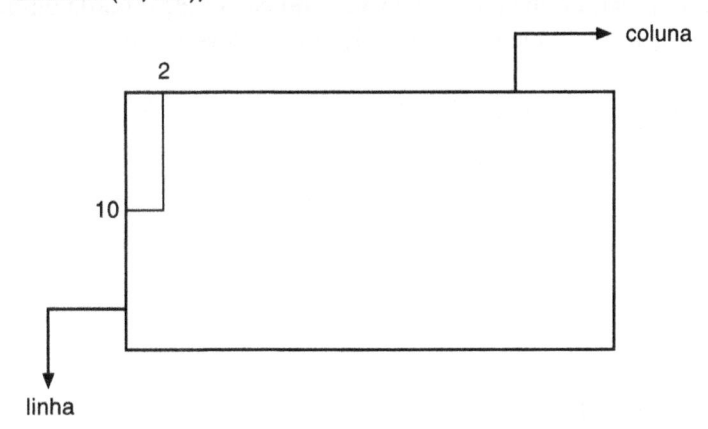

linha

```
GOTOXY(10,2);
```

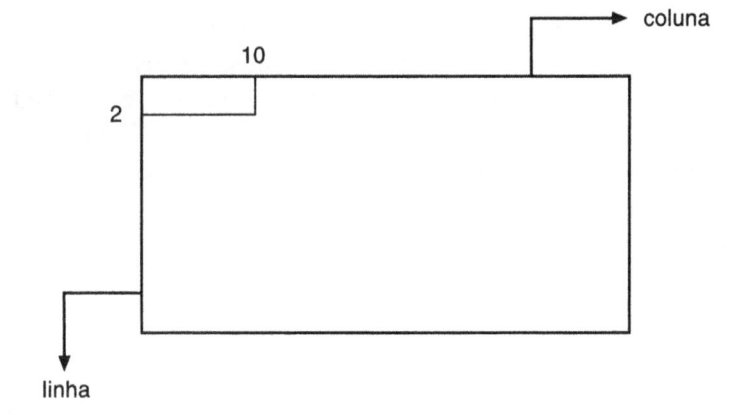

linha

4.5 – Comando para Limpar a Tela

O comando utilizado para limpar a tela do vídeo e colocar o cursor no canto esquerdo do vídeo é o comando CLRSCR, o qual deve sempre ser utilizado com a unidade CRT.

Exemplo de utilização do comando CLRSCR:

```
PROGRAM EX1;
USES CRT;
VAR X, Y : INTEGER;
BEGIN
CLRSCR;
     ..........
```

4.6 – Comando para Limpar a Linha

O comando utilizado para limpar a linha da posição atual do cursor até a borda direita do vídeo sem locomover o cursor é o comando CLREOL, o qual deve sempre ser utilizado com a unidade CRT.

Exemplo de utilização do comando CLREOL:

```
PROGRAM EX1;
USES CRT;
VAR X, Y : INTEGER;
BEGIN
CLREOL;
    ..........
```

4.7 – Comando para Pausar o Programa por Tempo Definido

O comando utilizado para parar o programa por um tempo determinado é o comando DELAY(tempo), em que o argumento tempo é expresso em milisegundos e deve ser um valor entre 0 e 65535. Como 1 segundo tem 1.000 milisegundos, se escrevermos DELAY(1000), o programa ficará parado por 1 segundo, e o máximo que um comando DELAY pode parar é 65 segundos. Se você desejar parar por mais tempo, poderá utilizar vários comandos DELAY.

Exemplo de utilização do comando DELAY:

```
PROGRAM EX1;
USES CRT;
VAR X, Y : INTEGER;
BEGIN
DELAY(5000);        { PAUSA POR 5 SEGUNDOS }
    ..........
```

4.8 – Comando para Obter a Hora do Sistema

O comando utilizado para obter a hora do sistema é o comando GETTIME, e este comando deve ser utilizado juntamente com a UNIT DOS.

Exemplo da utilização do comando GETTIME:

```
GETTIME(H, M, S, C);
```

Neste comando todas as variáveis H, M, S, C devem ser declaradas do tipo WORD e significam: H – hora (de 0 a 23), M – minuto (de 0 a 59), S – segundo (de 0 a 59) e C – centésimos de segundo (de 0 a 99).

4.9 – Comando para Obter a Data do Sistema

O comando utilizado para obter a data do sistema é o comando GETDATE, e este comando deve ser utilizado juntamente com a UNIT DOS.
Exemplo da utilização do comando GETDATE:

```
GETDATE(A, M, D, DS);
```

Neste comando todas as variáveis A, M, D, DS devem ser declaradas do tipo WORD e significam: A – ano (de 1980 a 2099), M – mês (de 1 a 12), D – dia (de 1 a 31) e DS – dia da semana (de 0 a 6, sendo o 0 correspondente ao Domingo).

4.10 – Formatação

Quando estamos trabalhando com tipos de dados reais, precisamos fazer a formatação desses números, pois, se isto não for feito, serão apresentados com formatação científica.
Exemplo de números com formatação científica:

$1.5000000000E4 = 1.5000000000 \times 10^4 = 15000$
$1.2000000000E-2 = 1.2000000000 \times 10^{-2} = 0.012$

Exemplo de formatação:

- X:6:2   a variável X será mostrada com 6 casas, sendo que destas 6 casas, 2 casas para a parte decimal, 1 casa para o ponto e as 3 casas restantes para a parte inteira.

- Y:8:3   a variável Y será mostrada com 8 casas, sendo que destas 8 casas, 3 casas para a parte decimal, 1 casa para o ponto e as 4 casas restantes para a parte inteira.

Variável: número total de casas: número de casas decimais

O primeiro parâmetro da formatação corresponde ao número total de casas ocupadas pela variável e o segundo, ao total de casas ocupadas pela parte decimal. O ponto que é o separador entre parte inteira e decimal também ocupa uma casa. As casas que sobram à direita são completadas com 0, e as casas que sobram à esquerda, com espaços em branco.

4.11 – Comando para Mudar a Cor do Texto

O comando TEXTCOLOR é utilizado para mudar a cor do texto que aparecerá na tela.
   Exemplo do comando TEXTCOLOR:

TEXTCOLOR(número da cor);

As cores variam seguindo a tabela abaixo:

Número da Cor	Cor	Número da Cor	Cor
0	Preto	8	Cinza-Escuro
1	Azul	9	Azul-Claro
2	Verde	10	Verde-Claro
3	Ciano	11	Ciano-Claro
4	Vermelho	12	Vermelho-Claro
5	Magenta	13	Magenta-Claro
6	Marrom	14	Amarelo
7	Cinza-Claro	15	Branco

Importante:
- a cor de letra padrão é o branco (15).
- se desejar que o texto apareça piscando basta acrescentar 128 à cor que está sendo utilizada.

4.12 – Comando para Mudar a Cor de Fundo da Tela

O comando TEXTBACKGROUND é utilizado para mudar a cor de fundo da tela.
   Exemplo do comando TEXTBACKGROUND:

TEXTBACKGROUND(número da cor);

As cores variam seguindo a tabela a seguir:

Número da Cor	Cor
0	Preto
1	Azul
2	Verde
3	Ciano
4	Vermelho
5	Magenta
6	Marrom
7	Cinza-Claro

Importante: A cor de fundo padrão é o preto (0).

4.13 – Lista de Exercícios

1) Faça um programa que receba dois números inteiros, calcule e imprima a soma desses dois números.

2) Faça um programa que receba dois números reais, calcule e imprima a subtração do primeiro número pelo segundo.

3) Faça um programa que receba dois números inteiros, calcule e imprima a divisão do primeiro número pelo segundo.

4) Faça um programa que receba dois números inteiros, calcule e imprima:
   → soma dos dois números;
   → subtração do primeiro pelo segundo;
   → subtração do segundo pelo primeiro;
   → multiplicação dos dois números;
   → divisão do primeiro pelo segundo;
   → divisão do segundo pelo primeiro;
   → quociente inteiro da divisão do primeiro pelo segundo;
   → quociente inteiro da divisão do segundo pelo primeiro;
   → resto da divisão do primeiro pelo segundo;
   → resto da divisão do segundo pelo primeiro.

5) Faça um programa que receba três notas de um aluno, calcule e imprima a média aritmética entre essas notas.

6) Faça um programa que receba duas notas de um aluno e seus respectivos pesos, calcule e imprima a média ponderada dessas notas.

7) Faça um programa que receba o valor de um depósito e o valor da taxa de juros. Calcule e imprima o valor do rendimento e o valor total depois do rendimento.

8) Faça um programa que receba um número inteiro, calcule e imprima a tabuada desse número.

9) Faça um programa que receba um número real, calcule e imprima:
   → a parte inteira do número;
   → a parte fracionária do número;
   → arredondamento do número.

10) Faça um programa que receba a medida de um ângulo em graus, calcule e imprima o seno e o cosseno desse ângulo.

11) Faça um programa que receba dois números, calcule e imprima um elevado ao outro.

12) Faça um programa que receba um número inteiro, calcule e imprima:
   → a raiz quadrada desse número;
   → esse número elevado ao quadrado.

13) Faça um programa que receba o valor do salário de um funcionário e o valor do salário mínimo. Calcule e imprima quantos salários mínimos ganha esse funcionário.

14) Faça um programa que receba uma determinada hora (hora e minutos separados por ponto), calcule e imprima essa hora em minutos.

15) Faça um programa que receba um caractere, calcule e imprima o número correspondente desse caractere na tabela de código ASCII.

16) Faça um programa que receba um número, calcule e imprima o caractere correspondente desse número na tabela ASCII.

17) Faça um programa que receba um caractere, calcule e imprima o seu sucessor e seu antecessor.

18) Faça um programa que receba uma cadeia de caracteres com no máximo 15 caracteres e imprima o primeiro e o último caractere juntos.

19) Faça um programa que imprima a tela limpa e seu nome no meio da tela.

20) Faça um programa que receba um nome qualquer e imprima esse nome em tela limpa e no meio da tela.

21) Faça um programa que imprima em tela limpa o número 1 no canto superior esquerdo, o número 2 no canto superior direito, o número 3 no canto inferior esquerdo e o número 4 no canto inferior direito.

22) Faça um programa que receba a idade de uma pessoa em anos, calcule e imprima essa idade em:

→ Meses → Dias → Horas → Minutos

23) Faça um programa que mostre a data e a hora do sistema no meio da tela.

24) Faça um programa que mostre o seu nome escrito em letras verdes e cor de fundo vermelha.

25) Faça um programa que calcule a área de um triângulo.

26) Faça um programa que calcule e imprima a área de um quadrado.

27) Faça um programa que calcule e imprima a área de um círculo.

28) Faça um programa que calcule e imprima a área de um trapézio.

29) Faça um programa que calcule e imprima a área de um retângulo.

30) Faça um programa que calcule e imprima a área de um losango.

31) Faça um programa que receba o salário de um funcionário, calcule e imprima o valor do imposto de renda a ser pago, sabendo que o imposto equivale a 5% do salário.

32) Faça um programa que receba o salário de um funcionário, calcule e imprima o novo salário sabendo-se que este sofreu um aumento de 25%.

33) Sabe-se que o quilowatt de energia custa um quinto do salário mínimo. Faça um programa que receba o valor do salário mínimo e a quantidade de quilowatts gasta por uma residência. Calcule e imprima:

→ o valor, em reais, de cada quilowatt;
→ o valor, em reais, a ser pago por essa residência;
→ o novo valor a ser pago por essa residência, a partir de um desconto de 15%.

34) Faça um programa que receba o peso de uma pessoa, um valor inteiro, calcule e imprima:

→ o peso dessa pessoa em gramas;
→ se essa pessoa engordar 5%, qual será seu novo peso em gramas.

35) Faça um programa que receba o ano de nascimento de uma pessoa e o ano atual. Calcule e imprima:

→ a idade dessa pessoa;
→ essa idade convertida em semanas.

Capítulo 5

Estruturas Condicionais

5.1 – *Estrutura Condicional Simples*

```
IF condição THEN comando;
```

ou

```
IF condição THEN BEGIN
                comando1;
                comando2;
                comando3;
            END;
```

No caso1, o comando só será executado se a condição for verdadeira. No caso2, os comandos só serão executados se a condição for verdadeira.

Exemplo de estrutura condicional simples:

```
PROGRAM EXEMPLO1;
USES CRT;
VAR A,B : INTEGER;
BEGIN
CLRSCR;
READLN(A);          READLN(B);
IF A = B THEN WRITELN('NÚMEROS IGUAIS');
READLN;
END.
```

Outro exemplo de estrutura condicional simples:

```
PROGRAM EXEMPLO2;
USES CRT;
VAR N1, N2, N3, M : REAL;
BEGIN
CLRSCR;
WRITELN('DIGITE TRÊS NOTAS');
READLN(N1,N2,N3);
M := (N1 + N2 + N3) /3;
IF M >= 7
  THEN BEGIN
       WRITELN('APROVADO');
       WRITELN('MÉDIA = ',M:4:2);
       END;
READLN;
END.
```

5.2 – Estrutura Condicional Composta

```
IF condição THEN comando1
            ELSE comando2;
```

ou

```
IF condição THEN BEGIN
                 comando1;
                 comando2;
                END
            ELSE BEGIN
                 comando3;
                 comando4;
                END;
```

No caso1, se a condição for verdadeira, será executado o comando1; caso contrário, se a condição for falsa, será executado o comando2.

No caso2, se a condição for verdadeira, serão executados o comando1 e o comando2; caso contrário, se a condição for falsa, serão executados o comando3 e o comando4.

Exemplo de estrutura condicional composta:

```
PROGRAM EXEMPLO3;
USES CRT;
VAR A, B : INTEGER;
BEGIN
CLRSCR;
READLN(A);          READLN(B);
```

```
IF A = B THEN WRITELN('NÚMEROS IGUAIS')
         ELSE WRITELN('NÚMEROS DIFERENTES');
READLN;
END.
```

Outro exemplo de estrutura condicional composta:

```
PROGRAM EXEMPLO4;
USES CRT;
VAR N1, N2, N3, M : REAL;
BEGIN
CLRSCR;
WRITELN('DIGITE TRÊS NOTAS');
READLN(N1,N2,N3);
M := (N1 + N2 + N3) /3;
IF M >= 7
     THEN BEGIN
          WRITELN('APROVADO');
          WRITELN('MÉDIA = ',M:4:2);
          END
     ELSE BEGIN
          WRITELN('REPROVADO');
          WRITELN('MÉDIA = ',M:4:2);
          END
READLN;
END.
```

Exemplo de estruturas condicionais compostas aninhadas:

```
PROGRAM EXEMPLO5;
USES CRT;
VAR N1, N2, N3, M, FALTA : REAL;
BEGIN
CLRSCR;
WRITELN('DIGITE TRÊS NOTAS');
READLN(N1,N2,N3);
M := (N1 + N2 + N3) /3;
IF M >= 7
THEN BEGIN
   WRITELN('APROVADO');
   WRITELN('MÉDIA = ',M:4:2);
   END
ELSE IF (M>=4) AND (M <7)
```

```
            THEN BEGIN
                  WRITELN('EXAME');
                  WRITELN('MÉDIA = ',M:4:2);
                  FALTA := 10 - M;
            WRITELN('NOTA PARA TIRAR NO EXAME = ', FALTA:4:2);
                  END
            ELSE BEGIN
                  WRITELN('REPROVADO');
                  WRITELN('MÉDIA = ',M:4:2);
                  END;
      READLN;
      END.
```

5.3 – Case

Em alguns programas existem comandos mutuamente exclusivos, isto é, se um comando for executado, os demais não serão. Quando este for o caso, um comando seletivo é o mais indicado, e este comando seletivo em PASCAL tem a seguinte forma:

```
CASE seletor OF
      lista de alvos1: comando1;
      lista de alvos2: comando2;
      alvo3: comando3;
      alvo4: BEGIN
                  comando4;
                  comando5;
                END;
      END;
```

ou

```
CASE seletor OF
      lista de alvos1: BEGIN
                              comando1;
                              comando2;
                            END;
            lista de alvos2: comando3;
      ELSE   comando4;
      END;
```

No caso1, se o seletor atingir a lista de alvos1, o comando1 será executado; se o seletor atingir a lista de alvos2, o comando2 será executado; se o seletor atingir o alvo3, o comando3 será executado; ou se o seletor atingir o alvo4, então o comando4 e o comando5 serão executados. Se nenhum alvo for atingido, nada será executado.

No caso2, se o seletor atingir a lista de alvos1, o comando1 e o comando2 serão executados; se o seletor atingir a lista de alvos2, o comando3 será executado. Se nenhum alvo for atingido, será executado o comando4.

Exemplo de estrutura CASE:

```
PROGRAM EXEMPLO6;
USES CRT;
VAR K,X : INTEGER;
    R: REAL;
BEGIN
CLRSCR;
WRITELN('DIGITE O VALOR DE X');   READLN(X);
WRITELN('DIGITE A OPÇÃO');   READLN(K);
CASE K OF
1: R := SQRT(X);
2: R := SQR(X);
END;
WRITELN('O RESULTADO É ' , R:6:2);
READLN;
END.
```

Outro exemplo de estrutura CASE:

```
PROGRAM EXEMPLO7;
USES CRT;
VAR X:CHAR;
BEGIN
CLRSCR;
WRITELN('DIGITE UM CARACTERE'); READLN(X);
CASE X OF
'A','E','I','O','U': WRITELN('VOGAL MAIÚSCULA');
'0'..'9': WRITELN('VALOR NUMÉRICO');
'+','-','*','/': BEGIN
                 WRITELN('OPERADOR');   WRITELN('ARITMÉTICO');
                 END;
ELSE WRITELN('VOCÊ DIGITOU OUTRO CARACTERE');
END;
READLN;
END.
```

Importante: A restrição da estrutura CASE é que o seletor só pode ser variável do tipo CHAR, INTEGER ou BOOLEAN.

5.4 – Lista de Exercícios

1) Faça um programa que receba quatro notas de um aluno, calcule e imprima a média aritmética das notas e a mensagem de aprovado para média superior ou igual a 7.0 ou a mensagem de reprovado para média inferior a 7.0.

2) Uma empresa decide dar um aumento de 30% aos funcionários cujo salário é inferior a 500 reais. Escreva um programa que receba o salário de um funcionário e imprima o valor do salário reajustado ou uma mensagem caso o funcionário não tenha direito ao aumento.

3) Faça um programa que verifique a validade de uma senha fornecida pelo usuário. A senha é um conjunto de caracteres que são: ´ASDFG´. O programa deve imprimir mensagem de permissão ou negação de acesso.

4) Faça um programa que receba a idade de uma pessoa e imprima mensagem de maioridade ou não.

5) Faça um programa que calcule e imprima o salário reajustado de um funcionário de acordo com a seguinte regra:

   → salários até 300, reajuste de 50%
   → salários maiores que 300, reajuste de 30%

6) Faça um programa que receba a altura e o sexo de uma pessoa, calcule e imprima o seu peso ideal, utilizando as seguintes fórmulas:

   → para homens: (72.7 * H) - 58
   → para mulheres: (62.1 * H) - 44.7

7) Faça um programa que receba a idade de um nadador e imprima a sua categoria seguindo as regras:

Categoria	Idade
Infantil A	5 - 7 anos
Infantil B	8 - 10 anos
Juvenil A	11 - 13 anos
Juvenil B	14 - 17 anos
Sênior	maiores de 18 anos

8) No curso de processamento, a nota final do estudante é calculada a partir de 3 notas atribuídas respectivamente a um trabalho de laboratório, a uma avaliação semestral e a um exame final. As notas variam de 0 a 10 e a nota final é a média ponderada das 3 notas mencionadas. A tabela a seguir fornece os pesos das notas:

Laboratório   –   peso 2
Av. semestral –   peso 3
Exame final   –   peso 5

Faça um programa que receba as 3 notas do estudante, calcule e imprima a média final e o conceito desse estudante.
O conceito segue a tabela abaixo:

Média final	Conceito
8.0 |__| 10.0	A
7.0 |__ 8.0	B
6.0 |__ 7.0	C
5.0 |__ 6.0	D
< 5.0	E

9) Faça um programa que receba o preço de um produto e o seu código de origem e imprima a sua procedência. A procedência obedece a seguinte tabela:

Código de origem	Procedência
1	Sul
2	Norte
3	Leste
4	Oeste
5 ou 6	Nordeste
7, 8 ou 9	Sudeste
10 até 20	Centro-oeste
21 até 30	Nordeste

10) Faça um programa que receba um número, verifique se este número é par ou ímpar e imprima a mensagem.

11) Faça um programa que receba dois números e imprima o menor dos dois.

12) Faça um programa que receba três notas de um aluno, calcule e imprima a média aritmética entre essas três notas e uma mensagem que segue a tabela abaixo:

Média	Mensagem
0 |__ 5	reprovado
5 |__ 7	exame
7 |__ |10	aprovado

13) Faça um programa que receba a idade de uma pessoa e classifique-a seguindo o critério a seguir:

Idade	Classificação
0 a 2 anos	Recém-nascido
3 a 11 anos	Criança
12 a 19 anos	Adolcescente
20 a 55 anos	Adulto
Acima de 55 anos	Idoso

14) Faça um programa que receba o código correpondente ao cargo de um funcionário e imprima seu cargo e o percentual de aumento ao qual este funcionário tem direito seguindo a tabela abaixo:

Código	Cargo	Percentual
1	Escriturário	50%
2	Secretário	35%
3	Caixa	20%
4	Gerente	10%
5	Diretor	Não tem aumento

15) Faça um programa que mostre um menu com as seguintes opções:
   → soma
   → raiz quadrada
   → finalizar

   O programa deve receber a opção desejada, receber os dados necessários para a operação de cada opção, realizar a operação e imprimir o resultado. Na opção finalizar nada deve acontecer.

16) Uma companhia de seguros tem três categorias de seguros baseadas na idade e ocupação do segurado. Somente pessoas com pelo menos 18 anos e não mais de 70 anos podem adquirir apólices de seguros. Quanto às classes de ocupações foram definidos três grupos de risco. A tabela a seguir fornece as categorias em função da faixa de idade e do grupo de risco:

Idade	Grupo de Risco		
	Baixo	Médio	Alto
18 a 24	7	8	9
25 a 40	4	5	6
41 a 70	1	2	3

Faça um programa que receba a idade e o grupo de risco (b, m ou a) e determine e imprima o código do seguro.

17) Faça um programa que receba a medida de um ângulo em graus, um número inteiro. Determine e imprima o quadrante em que se localiza este ângulo. Considere os quadrantes abaixo:

Ângulo	Quadrante
0 |___ 90	1º quadrante
90 |___ 180	2º quadrante
180 |___ 270	3º quadrante
270 |___| 360	4º quadrante
0 ____ -90	1º quadrante
-90 |___ -180	2º quadrante
-180 |___ -270	3º quadrante
-270 |___| -360	4º quadrante

Para ângulos maiores que 360 graus, reduza ao intervalo de 0 a 360.

18) Uma empresa decidiu dar uma gratificação de Natal aos seus funcionários, baseada no número de horas extras e no número de horas que o funcionário faltou ao trabalho. O valor do prêmio é obtido pela consulta na tabela a seguir, em que:

H = (Número de horas extras) – (2/3 * (Números de horas-falta))

H (minutos)	Prêmio ($)
> 2400	500
1800 ___I 2400	400
1200 ___I 1800	300
600 ___I 1200	200
<= 600	100

Faça um programa que receba o número de horas extras e o número de horas-falta em minutos de um funcionário. Imprima o número de horas extras em horas, o número de horas-falta em horas e o valor do prêmio.

19) Faça um programa que receba o valor do salário mínimo, o número de horas trabalhadas, o número de dependentes do funcionário e a quantidade de horas extras trabalhadas. Calcule e imprima o salário a receber do funcionário seguindo as regras abaixo:

→ o valor da hora trabalhada é igual a 1/5 do salário mínimo;
→ o salário do mês é igual ao número de horas trabalhadas vezes o valor da hora trabalhada;
→ para cada dependente acréscimo de 32 reais;
→ para cada hora extra trabalhada o cálculo do valor da hora trabalhada acrescida de 50 %;
→ o salário bruto é igual ao salário do mês mais os valores dos dependentes mais os valores das horas extras;
→ o cálculo do valor do imposto de renda retido na fonte segue a tabela abaixo:

IRRF	Salário Bruto
isento	inferior a 200
10 %	de 200 até 500
20 %	superior a 500

→ o salário líquido é igual ao salário bruto menos IRRF;
→ a gratificação segue a próxima tabela:

Salário Líquido	Gratificação
Até 350	100 reais
Superior a 350	50 reais

→ o salário a receber do funcionário é igual ao salário líquido mais a gratificação.

20) Faça um programa para resolver equações de segundo grau.

21) Faça um programa que receba uma frase, conte e imprima o número de vogais desta frase.

22) Faça um programa que receba uma frase, conte e imprima o número de palavras desta frase.

23) Faça um programa que receba uma frase, conte e imprima a quantidade de vezes em que aparece a palavra "aula".

24) Faça um programa que mostre a data e a hora do sistema formatadas como Dia/mês/ano e hora:minuto.

25) Faça um programa que mostre a data do sistema com o mês por extenso.

Capítulo 6

Estruturas de Repetição

6.1 – Comando WHILE

```
WHILE condição DO
    comando;
```

ou

```
WHILE condição DO
    BEGIN
        comando1;
        comando2;
        comando3;
    END;
```

No caso1, enquanto a condição for verdadeira, o comando será executado.

No caso2, enquanto a condição for verdadeira, o comando1, o comando2 e o comando3 serão executados.

Exemplo de estrutura de repetição WHILE:

```
PROGRAM EXEMPLO1;
USES CRT;
VAR X,Y : INTEGER;
BEGIN
CLRSCR;
X := 10;
Y := 0;
WHILE X >= 0 DO
    BEGIN
```

```
            Y := Y+1;
            X := X-2;
            END;
     WRITELN('EXISTEM ',Y,' NÚMEROS PARES ENTRE 0 E 10');
     READLN;
     END.
```

Outro exemplo de estrutura de repetição WHILE:

```
PROGRAM EXEMPLO2;
USES CRT;
VAR NOTA, SOMA, MEDIA : REAL;
    CONT: INTEGER;
BEGIN
CLRSCR;
CONT := 0; SOMA := 0;
WRITELN('DIGITE UMA NOTA');  READLN(NOTA);
WHILE ( NOTA >= 0 ) AND ( NOTA <= 10 ) DO
     BEGIN
     CONT := CONT + 1;
     SOMA := SOMA + NOTA;
     WRITELN('DIGITE UMA NOTA');
     READLN(NOTA);
     END;
MEDIA := SOMA /CONT;
WRITELN(' MÉDIA DA CLASSE = ', MEDIA:6:2);
READLN;
END.
```

6.2 – Comando REPEAT ... UNTIL

```
REPEAT
     comandos;
UNTIL condição;
```

Neste caso, os comandos serão repetidos até que a condição se torne verdadeira. Exemplo de estrutura de repetição REPEAT ... UNTIL:

```
PROGRAM EXEMPLO3;
USES CRT;
VAR I: INTEGER;
BEGIN
CLRSCR;
I:=1;
REPEAT
  WRITELN(I);
  I:=I+2;
```

```
UNTIL I > 50;
READLN;
END.
```

Outro exemplo de estrutura de repetição REPEAT:

```
PROGRAM EXEMPLO4;
USES CRT;
VAR SOMA, CONT, NUM : INTEGER;
BEGIN
CLRSCR;
SOMA := 0; CONT := 0;
REPEAT
    WRITELN('DIGITE UM NÚMERO');
    READLN(NUM);
    SOMA := SOMA + NUM;
    IF NUM < > 0 THEN CONT := CONT + 1;
UNTIL NUM = 0;
WRITELN('FORAM DIGITADOS ',CONT,' NÚMEROS');
WRITELN(' A SOMA DESTES NÚMEROS É = ', SOMA);
READLN;
END.
```

6.3 – Comando FOR

Esta estrutura de repetição é utilizada quando se sabe o número de vezes em que um trecho do programa deve ser repetido.

```
FOR I := valor inicial TO valor final DO
      comando;
FOR J := valor inicial TO valor final DO
      BEGIN
        comando1;
        comando2;
      END;


FOR K := valor inicial DOWNTO valor final DO
      comando;


FOR H := valor inicial DOWNTO valor final DO
      BEGIN
        comando1;
```

```
            comando2;
            comando3;
        END;
```

No caso1, o comando será executado para a variável de controle (I) do valor inicial até o valor final, de 1 em 1, incrementando automaticamente.

No caso2, o comando1 e o comando2 serão executados para a variável de controle (J) do valor inicial até o valor final, de 1 em 1, incrementando automaticamente.

No caso3, o comando será executado para a variável de controle (K) do valor inicial até o valor final, de 1 em 1, decrementando automaticamente.

No caso4, o comando1, o comando2 e o comando3 serão executados para a variável de controle (H) do valor inicial até o valor final, de 1 em 1, decrementando automaticamente.

Exemplo da estrutura de repetição FOR ... TO ... DO:

```
PROGRAM EXEMPLO5;
USES CRT;
VAR I, NUM, SOMA: INTEGER;
BEGIN
CLRSCR;
SOMA := 0;
FOR I := 1 TO 15 DO
        BEGIN
        WRITELN('DIGITE O ',I, ' º NÚMERO');
        READLN(NUM);
        SOMA := SOMA + NUM;
        END;
WRITELN(' A SOMA DOS 15 NÚMEROS DIGITADOS É = ', SOMA);
READLN;
END.
```

Exemplo da estrutura de repetição FOR ... DOWNTO ... DO:

```
PROGRAM EXEMPLO6;
USES CRT;
VAR I : INTEGER;
BEGIN
CLRSCR;
FOR I := 12 DOWNTO 1 DO
        BEGIN
        WRITELN(I);
        WRITELN;
        END;
READLN;
END.
```

6.4 – Lista de Exercícios

1) Escreva um programa que receba a idade de 10 pessoas, calcule e imprima a quantidade de pessoas maiores de idade (idade >= 18 anos).

2) Escreva um programa que receba a idade de 15 pessoas, calcule e imprima:
   → a quantidade de pessoas em cada faixa etária;
   → a porcentagem de cada faixa etária em relação ao total de pessoas.

   As faixas etárias são:
        1 —— 15 anos
       16 —— 30 anos
       31 —— 45 anos
       46 —— 60 anos
       > = 61 anos

3) Escreva um programa que receba um conjunto de valores inteiros e positivos, calcule e imprima o maior e o menor valor do conjunto.

   Para encerrar a entrada de dados, deve ser digitado o valor zero.
   Para valores negativos, deve ser enviada uma mensagem.
   Esses valores (zero e negativos) não entrarão nos cálculos.

4) Escreva um programa que receba um número inteiro e verifique se o número fornecido é primo ou não. Imprima mensagem de número primo ou número não primo.

   Observação: um número é primo se este é divisível apenas pelo número um e por ele mesmo.

5) Escreva um programa que receba 10 números inteiros e imprima a quantidade de números primos dentre os números que foram digitados.

6) Em uma eleição presidencial, existem quatro candidatos. Os votos são informados através de código. Os códigos utilizados são:

   1,2,3,4 → votos para os respectivos candidatos;
   5   → voto nulo;
   6   → voto em branco.

   Escreva um programa que calcule e imprima:

   → total de votos para cada candidato;
   → total de votos nulos;
   → total de votos em branco;
   → porcentagem de votos nulos sobre o total de votos;
   → porcentagem de votos em branco sobre o total de votos.

   Para finalizar o conjunto de votos, tem-se o valor zero.

7) Escreva um programa para calcular N! (fatorial de N), sendo que o valor inteiro de N é fornecido pelo usuário.

   Sabe-se que: N! = 1 * 2 * 3 * ... * (N-1) * N;
   0! = 1 , por definição.

8) Escreva um programa que:
   → leia um número indeterminado de linhas contendo, cada uma, a idade de um indivíduo. A última linha, que não entrará nos cálculos, contém o valor da idade igual a zero;
   → calcule e escreva a idade média deste grupo de indivíduos.

9) Tem-se um conjunto de dados contendo a altura e o sexo (M ou F) de 15 pessoas. Faça um programa que calcule e escreva:
   → a maior e a menor altura do grupo;
   → a média de altura das mulheres;
   → o número de homens.

10) A conversão de graus Farenheit para Centígrados é obtida por c = 5/9*(f-32). Faça um programa que calcule e escreva uma tabela de graus Centígrados e graus Farenheit, que variam de 50 a 65 de 1 em 1.

11) Faça um programa que receba, como entrada, uma lista de números positivos ou negativos finalizada com o número zero e forneça, como saída, a soma dos números positivos, a soma dos números negativos e a soma das duas somas parciais.

12) Uma empresa decidiu fazer um levantamento em relação aos candidatos que se apresentarem para preenchimento de vagas no seu quadro de funcionários. Supondo que você seja o programador dessa empresa, faça um programa que leia para cada candidato a idade, o sexo (M ou F) e a experiência no serviço (S ou N). Para encerrar a entrada de dados, digite zero para a idade. Calcule e escreva:
   → o número de candidatos do sexo feminino;
   → o número de candidatos do sexo masculino;
   → a idade média dos homens que já têm experiência no serviço;
   → a porcentagem dos homens com mais de 45 anos entre o total dos homens;
   → o número de mulheres com idade inferior a 35 anos e com experiência no serviço;
   → a menor idade entre as mulheres que já têm experiência no serviço.

13) Faça um programa que receba a idade e o peso de 15 pessoas. Calcule e imprima as médias dos pesos das pessoas da mesma faixa etária. As faixas etárias são: de 1 a 10 anos, de 11 a 20 anos, de 21 a 30 anos e maiores de 30 anos.

14) Faça um programa que receba duas notas de 6 alunos e calcule e imprima:
    → a média entre essas 2 notas de cada aluno;
    → a mensagem de acordo com a tabela abaixo:

Média	Mensagem
0 |____ 5	reprovado
5 |____ 7	exame
7 |____| 10	aprovado

    → o total de alunos aprovados e o total de alunos reprovados;
    → a média geral da classe, isto é, a média entre as médias dos alunos.

15) Faça um programa que receba a idade e a altura de várias pessoas. Calcule e imprima a média das alturas das pessoas com mais de 50 anos. Para encerrar a entrada de dados, digite idade <= zero.

16) Cada espectador de um cinema respondeu a um questionário no qual constava sua idade e a sua opinião em relação ao filme: ótimo – 3, bom – 2, regular – 1.

    Faça um programa que receba a idade e a opinião de 15 espectadores, calcule e imprima:
    → a média das idades das pessoas que responderam ótimo;
    → a quantidade de pessoas que responderam regular;
    → a porcentagem de pessoas que responderam bom entre todos os espectadores analisados.

17) Uma certa firma fez uma pesquisa de mercado para saber se as pessoas gostaram ou não de um novo produto lançado. Para isso forneceu o sexo do entrevistado e sua resposta (sim ou não). Sabendo que foram entrevistadas 10 pessoas, faça um programa que calcule e imprima:
    → o número de pessoas que responderam sim;
    → o número de pessoas que responderam não;
    → o número de mulheres que responderam sim;
    → a porcentagem de homens que responderam não entre todos os homens analisados.

18) Faça um programa que receba 10 números, calcule e imprima a soma dos números pares e a soma dos números primos.

19) Faça um programa que imprima na tela as tabuadas de 1 a 10.

20) Faça um programa para desenhar na tela uma borda formada por "*".

21) Faça um programa para desenhar na tela a letra inicial do seu nome, desenhando com "*".

22) Faça um programa que apresente um menu de opções para o cálculo das seguintes operações entre dois números: adição, subtração, multiplicação e divisão. Possibilite ao usuário escolher a operação desejada, mostrar o resultado e voltar ao menu de opções.

23) Uma loja utiliza os seguintes códigos para as transações de cada dia:

'v' – para compras à vista
'p' – para compras a prazo

É dada uma lista de transações contendo o valor de cada compra e o respectivo código da transação. Faça um programa que calcule e imprima:

→ valor total das compras à vista;
→ valor total das compras a prazo;
→ valor total das compras efetuadas;
→ valor a receber pelas compras a prazo, isto é, primeira parcela, sabendo que estas serão pagas em três vezes.

Sabe-se que são efetuadas 25 transações por dia.

24) Foi feita uma pesquisa de audiência de canal de TV em várias casas de uma certa cidade, em um determinado dia. Para cada casa visitada foi fornecido o número do canal (4, 5, 7, 12) e o número de pessoas que estavam assistindo a ele naquela casa. Se a televisão estivesse desligada, nada seria anotado, ou seja, esta casa não entraria na pesquisa. Faça um programa que:

→ leia um número indeterminado de dados, isto é, o número do canal e o número de pessoas que estavam assistindo;
→ calcule e imprima a porcentagem de audiência em cada canal.

Para encerrar a entrada de dados, digite o número do canal zero.

25) Faça um programa que receba a idade, a altura e o peso de 15 pessoas. Calcule e imprima:

→ a quantidade de pessoas com idade superior a 50 anos;
→ a média das alturas das pessoas com idade entre 10 e 20 anos;
→ a porcentagem de pessoas com peso inferior a 40 quilos entre todas as pessoas analisadas.

26) Faça um programa para calcular a área de um triângulo. Este programa não pode permitir a entrada de dados inválidos, por exemplo, medidas menores ou iguais a zero.

27) Em um campeonato de futebol, cada time tem uma lista oficial de 23 jogadores. Cada time prepara uma lista contendo o peso e a idade de cada um dos seus jogadores. Os 40 times que participam do torneio enviam essas listas para o CPD da confederação. Faça um programa que apresente as seguintes informações:

→ o peso médio e a idade média de cada um dos times;
→ o peso médio e a idade média de todos os participantes.

28) Faça um programa que receba o valor e o código de várias mercadorias vendidas em um determinado dia. Os códigos obedecem a tabela abaixo:

'L' – limpeza
'A' – alimentação
'H' – higiene

Calcule e imprima:

→ o total vendido naquele dia, com todos os códigos juntos;
→ o total vendido naquele dia em cada um dos códigos.

Para encerrar a entrada de dados, digite o valor da mercadoria zero.

29) Faça um programa que receba a idade e o estado civil(C – casado, S – solteiro, V – viúvo e D – desquitado ou separado) de 20 pessoas. Calcule e imprima:

→ a quantidade de pessoas casadas;
→ a quantidade de pessoas solteiras;
→ a média das idades das pessoas viúvas;
→ a porcentagem de pessoas desquitadas ou separadas dentre todas as pessoas analisadas.

30) Faça um programa que receba a idade, o peso e o sexo de 10 pessoas. Calcule e imprima:

→ total de homens;
→ total de mulheres;
→ média das idades dos homens;
→ média dos pesos das mulheres.

Trabalho – Área de Polígonos

Faça um programa que apresente um menu de opções para o cálculo da área dos seguintes polígonos: triângulo, retângulo, trapézio e losango.
Observações:

→ menu de opções com opção de finalizar;
→ mensagem para opção inválida;
→ desenho de cada polígono;
→ tela de menu e tela limpa para desenho, cálculo e apresentação de resultado;
→ tecla para retornar ao menu de opções depois de cada operação;
→ mensagem e redigitação para valores inválidos.

Capítulo 7

Estruturas de Dados

7.1 – Vetor

As variáveis compostas homogêneas unidimensionais (vetores) são conhecidas na linguagem PASCAL como ARRAY. Uma estrutura do tipo ARRAY é uma seqüência de variáveis, todas do mesmo tipo, com o mesmo identificador (mesmo nome) e alocadas seqüencialmente na memória.

Uma vez que as variáveis têm o mesmo nome, o que as distingue é um índice que referencia sua localização dentro da estrutura.

Declaração de uma variável do tipo vetor:

```
VAR nome da variável: ARRAY[1..n] OF tipo dos dados do vetor;
```

Exemplos de variáveis do tipo vetor:

```
VAR X:ARRAY[1..10] OF REAL;
VAR VET: ARRAY[1..5] OF CHAR;
```

Para atribuir valores para um vetor:

```
VETOR[4]:=5      atribui o valor 5 para o quarto elemento do vetor
VET[1]:='DIA'    atribui a palavra dia para o primeiro elemento do vetor
```

Para ler dados do teclado e atribuir a um vetor:

```
FOR I:= 1 TO 7 DO
READLN(VETOR[I]);
```

Para imprimir os elementos de um vetor:

```
FOR I:=1 TO 10 DO
WRITELN(VETOR[I]);
```

Exemplo de programa com vetor:

```
PROGRAM EX13;
USES CRT;
VAR A: ARRAY[1..10] OF REAL;
    I: INTEGER;
BEGIN
FOR I:=1 TO 10 DO
BEGIN
WRITELN('DIGITE O ELEMENTO ',I,' DO VETOR'); READLN(A[I]);
END;
WRITELN('ELEMENTOS DO VETOR EM ORDEM INVERSA');
FOR I:= 10 DOWNTO 1 DO
WRITELN(A[I]:8:2);
READLN;
END.
```

7.2 – Matriz

Uma variável do tipo matriz é composta por linhas e colunas.
Declaração de uma variável do tipo matriz:

VAR nome da variável: ARRAY[1..n,1..m] OF tipo dos dados do vetor; onde n é o número de linhas da matriz e m é o número de colunas da matriz.

Exemplos de variáveis do tipo matriz:

```
VAR X:ARRAY[1..10,1..6] OF REAL;
VAR MAT: ARRAY[1..5,1,,3] OF CHAR;
```

Para atribuir valores para uma matriz:

```
X[1,4]:=5
```

atribui o valor 5 para a primeira linha e quarta coluna da matriz

```
MAT[2,3]:='DIA'
```

atribui a palavra dia para segunda linha e terceira coluna da matriz.
Para ler dados do teclado e atribuir a uma matriz:

```
FOR I:= 1 TO 7 DO
BEGIN
FOR J:=1 TO 3 DO
READLN(MAT[I,J]);
END;
```

Para imprimir os elementos de uma matriz:

```
FOR I:=1 TO 10 DO
BEGIN
FOR J:= 1 TO 6 DO
WRITELN(X[I,J]);
END;
```

Exemplo de programa com matriz:

```
PROGRAM EXE14;
USES CRT;
VAR GAT:ARRAY[1..4,1..2] OF INTEGER;
    I,J, SOMA1,SOMA2 : INTEGER;
BEGIN
CLRSCR;
SOMA1:=0;    SOMA2:=0;

FOR I:=1 TO 4 DO
       BEGIN
       FOR J:=1 TO 2 DO
              BEGIN
              WRITELN('DIGITE O ELEMENTO ',I,' ',J);
              READLN(GAT[I,J]);
              END;
       END;
FOR J:=1 TO 2 DO
SOMA1:=SOMA1+GAT[1,J];
FOR I:=1 TO 4 DO
SOMA2:=SOMA2+GAT[I,2];
WRITELN('SOMA DOS ELEMENTOS DA LINHA 1 = ',SOMA1);
WRITELN('SOMA DOS ELEMENTOS DA COLUNA 2 = ',SOMA2);
READLN;
END.
```

7.3 – Lista de Exercícios

1) Faça um programa que carregue 2 vetores de 10 elementos numéricos cada um e imprima um vetor resultante da intercalação desses 2 vetores.

2) Faça um programa que carregue 1 vetor de 6 elementos numéricos inteiros; calcule e imprima a quantidade de números pares e a quantidade de números ímpares.

3) Faça um programa que carregue um vetor de 9 elementos numéricos inteiros; calcule e imprima os números primos e suas respectivas posições.

4) Faça um programa que receba a temperatura média de cada mês do ano e armazene essas temperaturas em um vetor; calcule e imprima a maior e a menor temperatura do ano e em que mês estas temperaturas aconteceram.

5) Faça um programa que receba a quantidade de peças vendidas por cada vendedor e armazene essas quantidades em um vetor. Receba também o preço da peça vendida de cada vendedor e armazene esses preços em outro vetor.

    Existem apenas 10 vendedores, e cada vendedor pode vender apenas um tipo de peça, isto é, para cada vendedor existe apenas um preço.

    Calcule e imprima a quantidade total de peças vendidas por todos vendedores e, para cada vendedor, calcule e imprima o valor total da venda, isto é, a quantidade de peças * o preço da peça.

6) Faça um programa que receba as notas da primeira prova de 10 alunos e armazene essas notas em um vetor. Receba as notas da segunda prova de 10 alunos e armazene essas em outro vetor. Calcule e imprima a média entre essas duas notas de cada aluno.

7) Faça um programa que receba a nota de 10 alunos e armazene essas notas em um vetor. Calcule e imprima:
    → a média de classe;
    → a quantidade de alunos aprovados, isto é, com média > = 7;
    → a quantidade de alunos reprovados, isto é, com média < 7.

8) Faça um programa que carregue uma matriz 3 x 3 e imprima o maior elemento dessa matriz.

9) Faça um programa que receba o estoque atual de 4 produtos (colunas) que estão armazenados em 4 armazéns (linhas) e coloque estes dados em uma matriz 5 x 4. Sendo que a última linha da matriz contém o custo de cada produto, calcule e imprima:

- → a quantidade de itens armazenados em cada armazém;
- → qual armazém possui maior estoque do produto 2;
- → qual armazém possui menor estoque do produto 4;
- → qual o custo total de cada produto;
- → qual o custo total de cada armazém.

10) Faça um programa que receba as vendas semanais (de um mês) de 5 vendedores de uma loja e armazene essas vendas em uma matriz.

   Calcule e imprima:

   - → total de vendas do mês (4 semanas) de cada vendedor;
   - → total de vendas de cada semana (todos os vendedores juntos);
   - → total de vendas do mês.

11) Faça um programa que carregue duas matrizes 3 x 4 com números inteiros, calcule e imprima a matriz resultante da soma dessas duas matrizes.

12) Faça um programa que carregue uma matriz 2 x 2 com números reais, calcule e imprima a soma dos elementos da diagonal principal.

13) Faça um programa que carregue uma matriz 3 x 2 com números inteiros, calcule e imprima o maior elemento da matriz com sua respectiva posição, linha e coluna.

14) Faça um programa que:

   - → receba 10 nomes de produtos e armazene-os em um vetor;
   - → receba o estoque de cada um destes produtos em cada um dos 5 armazéns e armazene-os em uma matriz 5 x 10.
   - → receba o custo dos 10 produtos e armazene-os em um outro vetor;

   Calcule e imprima:

   - → o total de itens armazenados em cada armazém;
   - → o total de itens armazenados de cada produto em todos os armazéns juntos;
   - → o custo total de cada armazém;
   - → o nome do produto e o número do armazém que possui maior número de itens estocados;
   - → o nome do produto e o número do armazém que possui o menor número de itens estocados;
   - → o nome do produto que possui menor custo;
   - → o nome do produto que possui maior custo.

15) Faça um programa que receba os valores das vendas de 5 produtos em 3 lojas distintas nos meses de junho, julho e agosto e armazene esses valores em 3 matrizes distintas em que cada linha representa um produto e cada coluna representa uma loja.

Calcule e imprima:

→ o total vendido de cada produto em cada loja no trimestre;
→ o total vendido de cada produto em todas as lojas no trimestre;
→ o total vendido em cada loja no trimestre;
→ se todos os produtos em todas as lojas tiverem um aumento de 15%, quais seriam os novos valores do trimestre.

Capítulo 8

Subprogramas

8.1 – Procedure

As procedures são rotinas chamadas pelo programa principal para executar alguma função específica, e sua sintaxe é:

```
PROCEDURE nome da procedure;
    declaração de variáveis locais;
BEGIN
    comandos;
END;
```

ou

```
PROCEDURE nome da procedure(x,y:tipo dos dados);
    declaração de variáveis locais;
BEGIN
    comandos;
END;
```

No caso1, a procedure é chamada escrevendo apenas seu nome no programa principal, assim a execução é desviada até a procedure para que esta seja executada.

No caso2, a procedure é chamada escrevendo seu nome e seus parâmetros no programa principal, assim a execução é desviada até a procedure para que esta seja executada.

Exemplo de procedure sem parâmetros:

```pascal
PROGRAM EX10;
VAR I, P, NUM, CONT : INTEGER;

PROCEDURE PAR;
BEGIN
CONT:=0;   P:=0;
WHILE CONT <= NUM DO
     BEGIN
     P:=P+1;
     CONT:=CONT+2;
     END;
END;

PROCEDURE IMPAR;
BEGIN
CONT:=1;   I:=0;
REPEAT
    IF NUM < > 0
    THEN BEGIN
         I:=I+1;             CONT:=CONT+2;
         END;
UNTIL CONT > NUM;
END;
BEGIN { PROGRAMA PRINCIPAL }
WRITELN('DIGITE O NÚMERO DO INTERVALO');
READLN(NUM);
PAR;
IMPAR;
WRITELN('QUANTIDADE DE PARES = ',P);
WRITELN('QUANTIDADE DE ÍMPARES = ',I);
READLN;
END.
```

Exemplo de procedure com parâmetros:

```pascal
PROGRAM EX11;
USES CRT;
VAR I, COL1, COL2, LIN1, LIN2, X : INTEGER;

PROCEDURE DESENHA(C1,C2,L1,L2 : INTEGER);
BEGIN
FOR I:= C1 TO C2 DO
BEGIN
    GOTOXY(I,L1);
    WRITE('*');
```

```
END;
FOR I:=L1 TO L2 DO
BEGIN
     GOTOXY(C1,I); WRITELN('*');
END;
END;

BEGIN { PROGRAMA PRINCIPAL }
X:=0;
REPEAT
CLRSCR;
X:=X+1;
WRITELN('DIGITE OS VALORES DAS BORDAS');
READLN(COL1,COL2,LIN1,LIN2);
CLRSCR;
DESENHA(COL1,COL2,LIN1,LIN2);
READLN;
UNTIL X = 5;
END.
```

8.2 – *Function*

Uma function tem a mesma função de uma procedure, que é desviar a execução do programa principal para realizar uma tarefa específica, com uma única diferença: uma function sempre retorna um valor. A sintaxe de uma function é:

```
FUNCTION nome da function : tipo de dado do valor retornado;
     declaração de variáveis locais;
BEGIN
     comandos;
END;
```

ou

```
FUNCTION nome da function(x,y : tipo dos dados) : tipo do dado
do valor retornado;
     declaração de variáveis locais;
BEGIN
     comandos;
END;
```

Exemplo de function sem parâmetros:

```pascal
PROGRAM EX12;
USES CRT;
VAR CALC, X : REAL;
FUNCTION RAIZ : REAL;
BEGIN
     RAIZ:=SQRT(X);
END;
BEGIN { PROGRAMA PRINCIPAL }
CLRSCR;
WRITELN('DIGITE UM VALOR PARA CALCULAR A RAIZ');
READLN(X);
IF X < 0
THEN WRITELN('NÃO EXISTE RAIZ QUADRADA')
ELSE BEGIN
    CALC:= RAIZ;
    WRITELN('RAIZ DE ',X:6:2,' = ',CALC:6:2);
END;
READLN;
END.
```

Exemplo de function com parâmetros:

```pascal
PROGRAM EX12;
VAR CALC, X : REAL;
         I, J: INTEGER;
FUNCTION RAIZ (NUM:REAL) : REAL;
BEGIN
RAIZ := SQRT(NUM);
END;
BEGIN { PROGRAMA PRINCIPAL }
CLRSCR;
WRITELN('DIGITE UM VALOR');
READLN(I);
IF I <= 0
THEN WRITELN('VALOR INVÁLIDO');
ELSE BEGIN
      FOR J := 1 TO I DO
      BEGIN
      CALC:= RAIZ(J);     WRITELN('RAIZ DE',J,' = ',CALC:8:3);
      END;
      END;
READLN;
END.
```

8.3 – Unit

Na linguagem PASCAL existem várias UNITS prontas para serem utilizadas. Algumas destas UNITS são: CRT (oferece recursos de I/O), DOS (oferece acesso às funções do sistema operacional), entre outras, mas podemos criar nossas próprias UNITS que podem ser utilizadas por vários programas. A sintaxe de uma UNIT é:

```
UNIT nome da unidade;
INTERFACE
     declaração de outras unidades utilizadas;
     declaração das procedures e functions;
IMPLEMENTATION
     desenvolvimento das procedures e functions;
END.
```

Exemplo de UNIT:

```
PROGRAM OPERA;
USES CRT, SOMA, SUBTRAI, MULTI, DIVIDI;
VAR OPÇÃO : INTEGER;
BEGIN
CLRSCR;
WRITELN('DIGITE A OPÇÃO DESEJADA ');
WRITELN('1 - SOMAR');
WRITELN('2 - SUBTRAIR');
WRITELN('3 - MULTIPLICAR');
WRITELN('4 - DIVIDIR');
READLN(OPÇÃO);
IF OPÇÃO = 1
   THEN OPER1
   ELSE IF OPÇÃO = 2
           THEN OPER2
           ELSE IF OPÇÃO = 3
                   THEN OPER3
                   ELSE IF OPÇÃO = 4
                           THEN OPER4
                           ELSE WRITELN('OPÇÃO INVÁLIDA ');
READLN;
END.
```

Importante:

Compilar um programa para memória gera arquivo .PAS.
Compilar um programa para disco gera arquivo .EXE.
Compilar um programa, que é uma UNIT, para disco gera arquivo .TPU.

```pascal
UNIT SOMA;
INTERFACE
USES CRT;
PROCEDURE OPER1;
IMPLEMENTATION
     PROCEDURE OPER1;
     VAR N1,N2, R: INTEGER;
     BEGIN
     CLRSCR;
     WRITELN('DIGITE N1 E N2'); READLN(N1,N2);
     R:= N1+N2;
     WRITELN('RESULTADO = ',R);
     END;
END.

UNIT SUBTRAI;
INTERFACE
USES CRT;
PROCEDURE OPER2;
IMPLEMENTATION
     PROCEDURE OPER2;
     VAR N1,N2,R : INTEGER;
     BEGIN
     CLRSCR;
     WRITELN('DIGITE N1 E N2'); READLN(N1,N2);
     R:=N1-N2;
     WRITELN('RESULTADO = ',R);
     END;
END.

UNIT MULTI;
INTERFACE
USES CRT;
PROCEDURE OPER3;
IMPLEMENTATION
     PROCEDURE OPER3;
     VAR N1,N2,R : INTEGER;
     BEGIN
     CLRSCR;
     WRITELN('DIGITE N1 E N2'); READLN(N1,N2);
     R:= N1*N2;
     WRITELN('RESULTADO = ',R);
     END;
END.
```

```
UNIT DIVIDI;
INTERFACE
USES CRT;
PROCEDURE OPER4;
IMPLEMENTATION
    PROCEDURE OPER4;
    VAR N1,N2 : INTEGER;
        R : REAL;
    BEGIN
    CLRSCR;
    WRITELN('DIGITE N1 E N2'); READLN(N1,N2);
    R:= N1/N2;
    WRITELN('RESULTADO = ',R:6:2);
    END;
END.
```

8.4 – Label

Um LABEL é utilizado juntamente com o comando GOTO, que serve para desviar a execução do programa para um outro ponto qualquer, mas sua utilização não é muito apropriada, pois viola os princípios da programação estruturada, dificultando assim a leitura e o entendimento de programas longos e com muitos desvios.

A sintaxe para utilizar o comando GOTO é:

```
GOTO número do rótulo;
```

Este rótulo deve ser declarado como LABEL.
Exemplo de declaração de rótulo e sua utilização com o comando GOTO:

```
PROGRAM RÓTULO;
USES CRT;
LABEL 10,15,20;
VAR I : INTEGER;
BEGIN
CLRSCR;
WRITELN('DIGITE UM VALOR PARA I');        READLN(I);
IF I > 5 THEN GOTO 10
         ELSE GOTO 15;
10: BEGIN
        WRITELN('PRIMEIRO DESVIO');
        GOTO 20;
    END;
```

```
15: BEGIN
        WRITELN('SEGUNDO DESVIO');
        GOTO 20;
    END;
20: WRITELN('FIM DO PROGRAMA');
READLN;
END.
```

8.5 – Lista de Exercícios

1) O sistema de avaliação de uma determinada disciplina obedece aos seguintes critérios:

   → durante o semestre são dadas três notas;
   → a nota final é obtida pela média aritmética das três notas;
   → é considerado aprovado o aluno que obtiver a nota final superior ou igual a 6 e que tiver comparecido a um mínimo de 40 aulas.

   Faça um programa que:

   → leia um conjunto de dados contendo o número da matrícula, as três notas e a freqüência (número de aulas freqüentadas) de 10 alunos;
   → calcule e imprima para cada aluno o número da matrícula, a nota final e a mensagem (aprovado ou reprovado);
   → calcule e imprima a maior e a menor nota da turma;
   → calcule o total de alunos reprovados;
   → calcule a porcentagem de alunos reprovados por não-freqüência.

2) Em uma fábrica trabalham homens e mulheres divididos em três classes:

   → trabalhadores que fazem até 30 peças por mês;
   → trabalhadores que fazem de 31 a 35 peças por mês;
   → trabalhadores que fazem mais de 35 peças por mês.

   A classe A recebe salário mínimo. A classe B recebe salário mínimo e mais 3% do salário mínimo por peça, acima das 30 iniciais. A classe C recebe salário mínimo mais 5% do salário mínimo por peça, acima das 30 iniciais.
   Faça um programa que receba o número do operário, o número de peças fabricadas no mês e o sexo do operário.
   Calcule e imprima:

   → o número do operário e seu salário;
   → o total da folha de pagamento da fábrica;
   → o número total de peças fabricadas no mês;
   → a média de peças fabricadas pelos homens;
   → a média de peças fabricadas pelas mulheres;

→ o número do operário ou operária de maior salário.

Observação: A fábrica possui 15 operários.

3) Faça um programa que receba uma tabela de 10 valores para x e receba 10 valores para y, calcule e imprima:

- A = â x
- B = â y
- C = â x^2
- D = â x * y

Exemplo do layout de saída:

X	Y	X^2	X * Y
0.1	1.1	0.01	0.11
0.2	1.2	0.04	0.24
0.3	1.3	0.09	0.39
0.4	1.4	0.16	0.56
0.5	1.5	0.25	0.75
0.6	1.6	0.36	0.96
0.7	1.7	0.49	1.19
0.8	1.8	0.64	1.44
0.9	1.9	0.81	1.71
1.1	2.1	1.21	2.31
5.6	15.6	4.06	9.66
A	B	C	D

4) Faça um programa para imprimir o signo do zodíaco correspondente a uma data qualquer (dia/mês).

A tabela a seguir mostra o último dia de cada mês e o signo correspondente:

Mês	Último Dia	Signo
01	20	Capricórnio
02	19	Aquário
03	20	Peixes

Mês	Último Dia	Signo
04	20	Áries
05	20	Touro
06	20	Gêmeos
07	21	Câncer
08	22	Leão
09	22	Virgem
10	22	Libra
11	21	Escorpião
12	21	Sagitário

5) Faça um programa que imprima o horóscopo de uma pessoa a partir da sua data de nascimento (dia/mês).
   Importante: Armazene o horóscopo em uma constante do tipo array.

6) Faça um programa para testar a validade de uma data.

7) Faça um programa que imprima o dia da semana em que cairá uma data qualquer. Imprima o dia da semana por extenso.
   Importante:
   → valide a data;
   → seja d o número de dias da data correspondente, verifique se não é ano bissexto;
   → ano normal = dias + n° de dias dos meses;
   → ano bissexto = dias + n° de dias dos meses + 1;
   → um ano e bissexto se ele é divisível por 4 e não é divisível por 100 ou se é divisível por 400;
   → seja n o valor do ano - 1;
   → determine A = quociente da divisão de n por 4;
   → determine B = quociente da divisão de n por 100;
   → determine C = quociente da divisão de n por 400;
   → determine E = N + D + A + C − B;
   → determine R = resto da divisão de e por 7.

   Onde R indica o dia da semana. Começando do domingo = 0.

8) Faça um programa que receba 10 datas e converta essas datas (validadas) com o mês por extenso.
   Exemplo: 12/4/1996   12/abril/1996

9) Faça um programa que receba 10 datas validadas e coloque-as em ordem cronológica. Imprima o resultado da ordem cronológica. Validar cada data.

10) Faça um programa que receba 10 números, armazene-os em um vetor e imprima um vetor resultante da ordem crescente destes números e um outro vetor resultante da ordem decrescente destes números.

11) Faça um programa que receba 12 letras e armazene-as em um vetor. Imprima um vetor resultante com essas letras em ordem alfabética.

12) Faça um programa que receba 15 nomes e armazene-os em um vetor. Calcule e imprima o vetor resultante destes nomes colocados em ordem alfabética.

13) Supondo que a população de um país A seja da ordem de 90 habitantes com uma taxa anual de crescimento de 3% e que a população de um país B seja de 200 habitantes com uma taxa anual de crescimento de 1,5%. Faça um programa que calcule e imprima o número de anos necessários para que a população do país a ultrapasse ou se iguale à população do país B, mantidas essas taxas de crescimento.

14) Foi feita uma pesquisa para determinar o índice de mortalidade infantil em certo período. Faça um programa que:

→ leia o número de crianças nascidas no período;
→ para cada criança nascida, leia o sexo e o tempo de vida.

Calcule e imprima:

→ a porcentagem de crianças do sexo feminino mortas no período;
→ a porcentagem de crianças do sexo masculino mortas no período;
→ a porcentagem de crianças que viveram 24 meses ou menos no período.

15) Faça um programa que carregue um vetor com 15 elementos inteiros e verifique a existência de elementos iguais a 30, imprimindo as posições em que estes elementos apareceram.

16) A universidade deseja saber se existem alunos cursando, simultaneamente, as disciplinas lógica e linguagem de programação. Coloque os números das matrículas dos alunos que cursam lógica em um vetor, no máximo 15 alunos. Coloque os números das matrículas dos alunos que cursam linguagem de programação em outro vetor, no máximo 10 alunos. Imprima o número da matrícula que aparece nos dois vetores.

17) Faça um programa para corrigir provas de múltipla escolha. Cada prova tem 10 questões e cada questão vale 1 ponto. O primeiro conjunto de dados a ser lido é o gabarito da prova. Os outros dados serão os números dos alunos e suas respectivas respostas. Existem 15 alunos matriculados. Calcule e imprima:

→ para cada aluno seu número e sua nota;
→ a porcentagem de aprovação, sabendo-se que a nota mínima é 6.0.

18) Faça um programa que receba:

→ o valor do salário mínimo;
→ o número de horas trabalhadas de um funcionário;
→ o número de dependentes deste funcionário;
→ quantidade de horas extras trabalhadas.

Calcule e imprima o salário a receber deste funcionário seguindo as regras abaixo:

→ o valor da hora trabalhada é igual a 1/5 do salário mínimo;
→ o salário do mês é igual ao número de horas trabalhadas vezes o valor da hora trabalhada;
→ para cada dependente acréscimo de 32 reais;
→ para cada hora extra trabalhada acréscimo do valor da hora trabalhada acrescida de 50%;
→ o salário bruto é igual ao salário do mês mais os valores dos dependentes mais os valores das horas extras;
→ o desconto do imposto de renda retido na fonte segue a tabela abaixo:

IRRF	Salário Bruto
Isento	inferior a 200
10%	de 200 até 500
20%	superior a 500

→ o salário líquido é igual ao salário bruto menos o IRRF;
→ a gratificação segue a tabela abaixo:

Salário Líquido	Bonificação
Até 350	100 reais
Superiores a 350	50 reais

→ o salário a receber do funcionário é igual ao salário líquido mais a gratificação.

19) Faça um programa em Pascal que carregue uma matriz 12 x 4 com os valores das vendas de uma loja, em que cada linha represente um mês do ano e cada coluna, uma semana do mês. Calcule e imprima:

→ total vendido em cada mês do ano;
→ total vendido em cada semana durante todo o ano;
→ total vendido no ano.

20) Faça um programa que calcule e imprima o valor a pagar de imposto de renda ou o valor a restituir do imposto de renda seguindo as regras abaixo:

→ receba o valor recebido no total anual dos salários;
→ calcule o desconto simplificado, que equivale a 20% do total recebido;
→ calcule a base de cálculo do imposto devido, que equivale ao total recebido menos o desconto simplificado;
→ calcule o imposto devido que segue as regras abaixo:

Se a base de cálculo do imposto devido for maior que 8.800 reais, o imposto devido será de 15% da base de cálculo do imposto retido menos 1.320 reais. Se a base de cálculo não for maior que 8.800 reais, o imposto devido será zero.

→ receba o valor do imposto retido na fonte que já foi pago pelo contribuinte;
→ calcule o imposto a pagar ou restituir, fazendo o imposto retido na fonte menos o imposto devido.

Se o valor do imposto a pagar ou restituir for positivo, este valor será o valor da restituição.
Se o valor do imposto a pagar ou restituir for negativo, este valor será o valor a ser pago. Neste caso, mostre também o valor das parcelas, já que impostos a pagar superiores a 70 reais podem ser parcelados em 6 vezes.

Trabalho – Cálculo de Matrizes

Faça um microssistema para realizar as seguintes operações:
→ soma de duas matrizes;
→ subtração de duas matrizes;
→ multiplicação de duas matrizes;
→ determinante de uma matriz;

As regras são:

→ o microssistema deve conter um menu de opções em que o usuário deve escolher a opção desejada;
→ as matrizes devem conter no máximo três linhas por três colunas; o usuário é quem determina as dimensões das matrizes;
→ nas operações de soma e subtração, as dimensões das matrizes devem ser iguais;
→ na operação de multiplicação, o número de colunas da primeira matriz deve ser igual ao número de linhas da segunda matriz;

→ na operação de determinante, a dimensão da matriz deve ser quadrada;
→ permitir realizar várias operações, isto é, após uma operação, voltar ao menu de opções.

Trabalho – Jogo-da-Velha

Faça um programa que possibilite jogar o jogo-da-velha com dois jogadores.

Trabalho – Jogo da Forca

Faça um programa que possibilite jogar o jogo da forca com dois jogadores.

Trabalho – Jogo de Acertos

Faça um programa que possibilite a um jogador tentar acertar um número sorteado aleatoriamente pelo computador com apenas cinco tentativas. A cada tentativa errada, mandar mensagem de orientação ao usuário.

Capítulo 9

Arquivos

9.1 – Arquivos

Estruturas de dados manipuladas fora do ambiente do programa são conhecidas como ARQUIVOS. Considera-se como ambiente do programa a memória principal, em que nem sempre é possível ou conveniente manter certas estruturas de dados.

Um arquivo que é armazenado em um dispositivo de memória secundária, como disco, por exemplo, pode ser lido ou escrito por um programa.

Um arquivo é formado por uma coleção de registros; cada registro é composto por campos e cada campo possui suas características específicas. Um ou mais campos deste registro é considerado campo CHAVE, que é o campo que diferencia um registro dos demais, evitando duplicidade de informações.

Um sistema de banco de dados é composto por um ou vários arquivos, em que cada arquivo possui programas de manutenção que são: INCLUSÃO, EXCLUSÃO LÓGICA OU EXCLUSÃO FÍSICA, ALTERAÇÃO, CONSULTA GERAL, CONSULTA ESPECÍFICA E RELATÓRIOS.

9.1.1 – Programa de Criação de um Arquivo

Para que um arquivo possa sofrer as operações de manutenção, ele deve primeiramente ser criado em um dispositivo de memória secundária.

Os passos para a criação de um arquivo são:

→ associar variáveis do programa com o disco;
→ abrir o arquivo;
→ fechar o arquivo.

9.1.2 – Programa de Inclusão em um Arquivo

Existem dois tipos de inclusão de registros: a inclusão seqüencial em que os novos registros são incluídos no final do arquivo e a inclusão ordenada em que os registros são incluídos obedecendo a ordem do campo CHAVE, onde ocorre o deslocamento de registros.

Os passos para a inclusão seqüencial de registros em um arquivo são:

→ associar variáveis do programa com o disco;
→ abrir o arquivo que sofrerá inclusões;
→ digitar os dados que serão incluídos, validação dos dados;
→ se o arquivo estiver vazio, então gravar dados digitados no arquivo;
→ se o arquivo não estiver vazio, então percorrer todo o arquivo do começo ao fim ou percorrer todo o arquivo até encontrar o campo CHAVE que se está querendo incluir;
→ se encontrar o campo CHAVE que se está querendo incluir, então mensagem;
→ se não encontrar o campo CHAVE que se está querendo incluir, então gravar dados digitados no arquivo;
→ fechar o arquivo.

Os passos para a inclusão ordenada de registros em um arquivo são:

→ associar variáveis do programa com o disco;
→ abrir o arquivo que sofrerá inclusões;
→ digitar os dados que serão incluídos, validação dos dados;
→ se o arquivo estiver vazio, então gravar dados digitados no arquivo;
→ se o arquivo não estiver vazio, então percorrer todo o arquivo do começo ao fim ou percorrer todo o arquivo até encontrar o campo CHAVE que se está querendo incluir;
→ se encontrar o campo CHAVE que se está querendo incluir, então mensagem;
→ se não encontrar o campo CHAVE que se está querendo incluir, então ocorre o deslocamento de registros para gravar dados digitados no arquivo na posição ordenada;
→ fechar o arquivo.

9.1.3 – Programa de Exclusão em um Arquivo

Existem dois tipos de exclusão de registros: a exclusão física em que os registros são excluídos e ocorre o deslocamento de registros e a exclusão lógica em que os registros possuem um campo utilizado para marcação de registros ativos e registros inativos, isto é, excluídos.

Os passos para a exclusão física de registros em um arquivo são:

→ associar variáveis do programa com o disco;
→ abrir o arquivo que sofrerá exclusão;
→ digitar o campo CHAVE do registro que será excluído;
→ se o arquivo estiver vazio, então mensagem;

→ se o arquivo não estiver vazio, então percorrer todo o arquivo do começo ao fim ou percorrer todo o arquivo até encontrar o campo CHAVE que se está querendo excluir;
→ se não encontrar o campo CHAVE que se está querendo excluir, então mensagem;
→ se encontrar o campo CHAVE que se está querendo excluir, então ocorre o deslocamento de registros para sobrepor o registro que será excluído;
→ fechar o arquivo.

Os passos para a exclusão lógica de registros em um arquivo são:

→ associar variáveis do programa com o disco;
→ abrir o arquivo que sofrerá exclusão;
→ digitar o campo CHAVE do registro que será excluído;
→ se o arquivo estiver vazio, então mensagem;
→ se o arquivo não estiver vazio, então percorrer todo o arquivo do começo ao fim ou percorrer todo o arquivo até encontrar o campo CHAVE que se está querendo excluir;
→ se não encontrar o campo CHAVE que se está querendo excluir, então mensagem;
→ se encontrar o campo CHAVE que se está querendo excluir, então o campo de marcação do registro será marcado para exclusão;
→ fechar o arquivo.

9.1.4 – Programa de Alteração de um Arquivo

O único campo do registro que não poderá sofrer alterações é o campo-chave.

Os passos para a alteração de registros em um arquivo são:

→ associar variáveis do programa com o disco;
→ abrir o arquivo que sofrerá alterações;
→ digitar o campo CHAVE do registro que sofrerá alterações;
→ se o arquivo estiver vazio, então mensagem;
→ se o arquivo não estiver vazio, então percorrer todo o arquivo do começo ao fim ou percorrer todo o arquivo até encontrar o campo CHAVE que se está querendo alterar;
→ se não encontrar o campo CHAVE que se está querendo alterar, então mensagem;
→ se encontrar o campo CHAVE que se está querendo alterar, então mostrar os dados do registro que sofrerá alterações, digitar e validar os novos dados, posicionar no registro que sofrerá alterações e gravar;
→ fechar o arquivo.

9.1.5 – Programa de Consulta Geral em um Arquivo

O programa de consulta geral mostrará todos os registros ativos do arquivo.

Os passos para a consulta geral de registros em um arquivo são:

→ associar variáveis do programa com o disco;
→ abrir o arquivo que sofrerá a consulta;
→ se o arquivo estiver vazio, então mensagem;
→ se o arquivo não estiver vazio, então percorrer todo o arquivo do começo ao fim mostrando todo o conteúdo de cada um dos registros ativos;
→ fechar o arquivo.

9.1.6 – Programa de Consulta Específica em um Arquivo

O programa de consulta específica mostrará o registro que possui o campo CHAVE que se está querendo consultar.

Os passos para a consulta específica de um registro em um arquivo são:

→ associar variáveis do programa com o disco;
→ abrir o arquivo que sofrerá a consulta específica;
→ digitar o campo CHAVE do registro que será consultado;
→ se o arquivo estiver vazio, então mensagem;
→ se o arquivo não estiver vazio, então percorrer todo o arquivo do começo ao fim ou percorrer todo o arquivo até encontrar o campo CHAVE que se está querendo consultar;
→ se não encontrar o campo CHAVE que se está querendo consultar, então mensagem;
→ se encontrar o campo CHAVE que se está querendo consultar, então mostrar os dados do registro que sofrerá a consulta;
→ fechar o arquivo.

Os relatórios podem ser feitos a partir dos programas de consulta tendo em vista que relatórios normalmente são realizados para impressão.

9.2 – Comando ASSIGN

Este comando é utilizado para associar nomes de arquivos e variáveis locais, do programa com arquivos de dispositivos de memória secundária, como por exemplo, disco.

Exemplo do comando ASSIGN:

```
ASSIGN (nome do arquivo no programa, 'nome do arquivo no disco')
ASSIGN (AGENDA,'AGENDA.DAT')
ASSIGN(DETRAN,'CARROS.DAT')
```

9.3 – Comando REWRITE

Este comando é utilizado para abrir novos arquivos, pois, antes de posicionar o ponteiro no registro de número zero, o comando REWRITE apagará todo o conteúdo do arquivo.

Exemplo do comando REWRITE:

```
REWRITE(nome do arquivo no programa)
REWRITE(AGENDA)
REWRITE(DETRAN)
```

9.4 – Comando RESET

Este comando é utilizado para abrir arquivos e posicionar o ponteiro no registro de número zero, sem destruir os dados já existentes no arquivo.

Exemplo do comando RESET:

```
RESET(nome do arquivo no programa)
RESET(AGENDA)
RESET(DETRAN)
```

9.5 – Comando CLOSE

Este comando é utilizado para fechar arquivos que foram abertos pelo comando REWRITE ou pelo comando RESET. As atualizações só serão efetuadas em um arquivo assim que ele for fechado.

Exemplo do comando CLOSE:

```
CLOSE(nome do arquivo no programa)
CLOSE(AGENDA)
CLOSE(DETRAN)
```

9.6 – Comando READ

Este comando é utilizado para ler os dados que estão armazenados nos registros de um arquivo.

Exemplo do comando READ:

```
READ(variável do arquivo, variável do registro)
READ(AGENDA, REG)
READ(DETRAN, REG)
```

9.7 – Comando WRITE

Este comando é utilizado para gravar dados nos registros de um arquivo.
Exemplo do comando WRITE:

```
WRITE(variável do arquivo, variável do registro)
WRITE(AGENDA, REG)
WRITE(DETRAN, REG)
```

9.8 – Comando SEEK

Este comando é utilizado para posicionar o ponteiro no registro desejado. O primeiro registro do arquivo é sempre o de número zero.

Exemplo do comando SEEK:

```
SEEK(variável do arquivo, número do registro)
SEEK(AGENDA, 2)
SEEK(DETRAN, 0)
```

9.9 – Comando FILESIZE

Este comando é utilizado para retornar o número de registros presentes em um arquivo.

Exemplo do comando FILESIZE:

```
FILESIZE(variável do arquivo)
FILESIZE(AGENDA)
FILESIZE(DETRAN)
```

9.10 – Comando FILEPOS

Este comando é utilizado para retornar o número do registro em que o ponteiro está localizado.

Exemplo do comando FILEPOS:

```
FILEPOS(variável do arquivo)
FILEPOS(AGENDA)
FILEPOS(DETRAN)
```

9.11 – Comando NOT EOF

Este comando é utilizado para verificar o final do arquivo.
Exemplo do comando NOT EOF:

```
WHILE NOT EOF(variável do arquivo) DO
    BEGIN

    END;
```

```
WHILE NOT EOF(DETRAN) DO
    BEGIN

    END;
```

9.12 – Declaração de Arquivos

A seguir temos a declaração de dois arquivos: primeiro o arquivo AGENDA, que é composto pelos campos nome, endereço e telefone; depois o arquivo DETRAN, que é composto pelos campos placa, marca e ano.

```
TYPE  nome do registro = RECORD
          nome do campo : tipo do dado;
      END;
      Nome do arquivo = FILE OF nome do registro;
VAR   variável do arquivo : nome do arquivo;
      variável do registro : nome do registro;
```

Exemplo AGENDA:

```
TYPE  registro = RECORD
          Nome : string[30];
          Endereço : string[20];
          Telefone : string[10];
      END;
      Arquivo = FILE OF registro;
VAR   AGENDA : arquivo;
      REG : registro;
```

Exemplo DETRAN:

```
      TYPE  carro = RECORD
                placa : string[7];
                marca : string[20];
                ano : integer;
            END;
            frota = FILE OF carro;
VAR         DETRAN : frota;
            CARROS : carro;
```

9.13 – Exemplo do Programa de Criação de Arquivos

A partir do item 9.13 utilizaremos o arquivo DETRAN declarado no item 9.12.

```pascal
PROGRAM CRIA;
USES CRT;
TYPE carro = RECORD
     placa : string[7];
     marca : string[20];
     ano : integer;
     END;
     frota = FILE OF carro;
VAR  DETRAN : frota;
     CARROS : carro;
BEGIN
ASSIGN(DETRAN, 'CARROS.DAT');
REWRITE(DETRAN);
CLOSE(DETRAN);
END.
```

Observação: Para que o arquivo de dados CARROS.DAT seja criado no disco, o programa acima deve ser compilado e executado.

9.14 – Exemplo do Programa de Inclusão Seqüencial de Dados em Arquivos

```pascal
PROGRAM INCLUI;
USES CRT;
TYPE carro = RECORD
     placa : string[7];
     marca : string[20];
     ano : integer;
     END;
     frota = FILE OF carro;
VAR  DETRAN : frota;
     CARROS : carro;
     PLACA : STRING[7];
     MARCA : STRING[20];
     ANO, K, I : INTEGER;
     ACHOU : BOOLEAN;

     BEGIN
```

```
CLRSCR;
ASSIGN(DETRAN, 'CARROS.DAT');
RESET(DETRAN);
K := FILESIZE(DETRAN);
WRITELN('DIGITE A PLACA A SER INCLUÍDA');
READLN(PLACA);
WRITELN('DIGITE  A MARCA DO CARRO A SER INCLUÍDO');
READLN(MARCA);
WRITELN('DIGITE O ANO DO CARRO A SER INCLUÍDO');
READLN(ANO);
WHILE (ANO < 0) OR ( ANO > 2000) DO
    READLN(ANO);
IF K = 0
      THEN BEGIN
            CARROS.PLACA := PLACA;
            CARROS.MARCA := MARCA;
            CARROS.ANO := ANO;
            WRITE(DETRAN, CARROS);
            WRITELN(' CARRO INCLUÍDO');
            END
      ELSE BEGIN
            I := 0;
            ACHOU := FALSE;
            WHILE ( I <= (K-1)) DO
                BEGIN
                READ(DETRAN, CARROS);
                IF CARROS.PLACA = PLACA
                THEN BEGIN
                      ACHOU := TRUE;
                      I := K+1;
                      END
                ELSE BEGIN
                      I := I+1;
                      SEEK(DETRAN, I);
                      END;
                END;
            IF ACHOU = TRUE
            THEN WRITELN(' ESTE CARRO JÁ ESTÁ CADASTRADO ')
            ELSE BEGIN
                  SEEK(DETRAN, K);
                  CARROS.PLACA := PLACA;
                  CARROS.MARCA := MARCA;
                  CARROS.ANO := ANO;
```

```
                    WRITE(DETRAN, CARROS);
                    WRITELN(' CARRO INCLUÍDO');
                    END;
              END;
    CLOSE(DETRAN);
    END.
```

9.15 – Exemplo do Programa de Inclusão Ordenada de Dados em um Arquivo

```
PROGRAM INCLUI;
USES CRT;
TYPE carro = RECORD
     placa : string[7];
     marca : string[20];
     ano : integer;
     END;
     frota = FILE OF carro;
VAR  DETRAN : frota;
     CARROS : carro;
     PLACA : STRING[7];
     MARCA : STRING[20];
     P, ANO, K, I, POSICAO : INTEGER;
     ACHOU : BOOLEAN;

BEGIN
CLRSCR;
ASSIGN(DETRAN, 'CARROS.DAT');
RESET(DETRAN);
K := FILESIZE(DETRAN);
WRITELN('DIGITE A PLACA A SER INCLUÍDA');
READLN(PLACA);
WRITELN('DIGITE  A MARCA DO CARRO A SER INCLUÍDO');
READLN(MARCA);
WRITELN('DIGITE O ANO DO CARRO A SER INCLUÍDO');
READLN(ANO);

WHILE (ANO < 0) OR ( ANO > 2000) DO
      READLN(ANO);
IF K = 0
     THEN BEGIN
            CARROS.PLACA := PLACA;
            CARROS.MARCA := MARCA;
```

```
            CARROS.ANO := ANO;
            WRITE(DETRAN, CARROS);
            WRITELN('CARRO INCLUÍDO');
            END
      ELSE BEGIN
            I := 0;     ACHOU := FALSE;      POSICAO := 0;
            RESET(DETRAN)
            WHILE ( I <= (K-1)) DO
                  BEGIN
                  READ(DETRAN, CARROS);
                  IF CARROS.PLACA = PLACA
                  THEN BEGIN
                        ACHOU := TRUE;
                        I := K + 2;
                        END
                  ELSE BEGIN
                        IF PLACA < CARROS.PLACA
                              THEN BEGIN
                                    POSICAO := FILEPOS(DETRAN) — 1;
                                    I := K + 2;
                                    END
                              ELSE BEGIN
                                    I := I+1;
                                    SEEK(DETRAN, I);
                                    END;
                        END;
                  END;
            IF ACHOU = TRUE
            THEN WRITELN(' ESTE CARRO JÁ ESTÁ CADASTRADO ')
            ELSE BEGIN
                  IF I = FILESIZE(DETRAN)
                  THEN BEGIN
                        SEEK(DETRAN, FILESIZE(DETRAN));
                        CARROS.PLACA:=PLACA;
                        CARROS.MARCA:=MARCA;
                        CARROS.ANO:=ANO;
                        WRITE(DETRAN, CARROS);
                        WRITELN('CARRO INCLUÍDO');
                        END
                  ELSE BEGIN
                        P := FILESIZE(DETRAN) - 1;
                        WHILE P >= POSICAO DO
                        BEGIN
                        SEEK(DETRAN,P);
```

```
                        READ(DETRAN,CARROS);
                        WRITE(DETRAN,CARROS);
                        P := P - 1;
                        END;
                  SEEK(DETRAN, POSICAO);
                  CARROS.PLACA := PLACA;
                  CARROS.MARCA := MARCA;
                  CARROS.ANO := ANO;
                  WRITE(DETRAN, CARROS);
                  WRITELN('CARRO INCLUÍDO');
                  END;
            END;
      END;
CLOSE(DETRAN);
END.
```

9.16 – Exemplo do Programa de Exclusão Física de Dados de um Arquivo

```
PROGRAM EXCLUSAO;
USES CRT;
TYPE carro = RECORD
     placa : string[7];
     marca : string[20];
     ano : integer;
     END;
     frota = FILE OF carro;
VAR  DETRAN, AUXILIAR : frota;
     CARROS, AUX : carro;
     PLACA : STRING[7];
     MARCA : STRING[20];
     ANO, K, POSICAO : INTEGER;
     ACHOU : BOOLEAN;
BEGIN
CLRSCR;
ASSIGN(DETRAN,'CARROS.DAT');
RESET(DETRAN);
ASSIGN(AUXILIAR, 'AUXILIO.DAT');
REWRITE(AUXILIAR);
K := FILESIZE(DETRAN);
WRITELN('DIGITE A PLACA DO CARRO A SER EXCLUÍDO');
READLN(PLACA);
ACHOU := FALSE;
```

```
READ(DETRAN,CARROS);
WHILE (ACHOU = FALSE) AND (NOT EOF(DETRAN)) DO
      BEGIN
      IF CARRO.PLACA = PLACA
            THEN BEGIN
                 ACHOU := TRUE;
                 POSICAO := FILEPOS(DETRAN) —1;
                 END;
      READ(DETRAN,CARROS);
      END;
IF ACHOU = TRUE
      THEN BEGIN
           K := 0;
           SEEK(DETRAN, K);
           WHILE K < POSICAO DO
                 BEGIN
                 SEEK(DETRAN, K);
                 READ(DETRAN,CARROS);
                 AUX.PLACA := CARROS.PLACA;
                 AUX.MARCA := CARROS.MARCA;
                 AUX.ANO := CARROS.ANO;
                 WRITE(AUXILIAR, AUX);
                 K := K + 1;
                 END;
           K := POSICAO + 1;
           WHILE K < =FILESIZE(DETRAN) — 1 DO
                 BEGIN
                 SEEK(DETRAN, K);
                 READ(DETRAN,CARROS);
                 AUX.PLACA := CARROS.PLACA;
                 AUX.MARCA := CARROS.MARCA;
                 AUX.ANO := CARROS.ANO;
                 WRITE(AUXILIAR, AUX);
                 K := K + 1;
                 END;
           REWRITE(DETRAN);
           RESET(AUXILIAR);
           WHILE NOT EOF(AUXILIAR) DO
                 BEGIN
                 READ(AUXILIAR, AUX);
                 CARROS.PLACA := AUX.PLACA;
                 CARROS.MARCA := AUX..MARCA;
                 CARROS.ANO :=  AUX.ANO;
                 WRITE(DETRAN, CARROS);
                 END;
```

```
                WRITELN('CARRO EXCLUÍDO');
                END
        ELSE WRITELN('ESTE CARRO NÃO ESTÁ CADASTRADO');
CLOSE(DETRAN);
CLOSE(AUXILIAR);
END.
```

9.17 – Exemplo do Programa de Exclusão Lógica de Dados de um Arquivo

```
PROGRAM EXCLUSAO;
USES CRT;

TYPE carro = RECORD
     placa : string[7];
     marca : string[20];
     ano : integer;
     ativo : integer;
     END;
     frota = FILE OF carro;
VAR  DETRAN : frota;
     CARROS : carro;
     PLACA : STRING[7];
     MARCA : STRING[20];
     ANO, K, : INTEGER;
     ACHOU : BOOLEAN;
BEGIN
CLRSCR;
ASSIGN(DETRAN,'CARROS.DAT');
RESET(DETRAN);
K := FILESIZE(DETRAN);
WRITELN('DIGITE A PLACA DO CARRO A SER EXCLUÍDO');
READLN(PLACA);
ACHOU := FALSE;
READ(DETRAN,CARROS);
WHILE (ACHOU = FALSE) AND (NOT EOF(DETRAN)) DO
      BEGIN
      IF CARRO.PLACA = PLACA
           THEN BEGIN
                ACHOU := TRUE;
                K := FILEPOS(DETRAN) —1;
                END;
```

```
            READ(DETRAN,CARROS);
            END;
    IF ACHOU = TRUE
         THEN BEGIN
                SEEK(DETRAN, K);
                CARRO.ATIVO := 0;
                WRITE(DETRAN,CARROS);
                WRITELN('CARRO EXCLUÍDO');
                END
         ELSE WRITELN('ESTE CARRO NÃO ESTÁ CADASTRADO');
    CLOSE(DETRAN);
    END.
```

9.18 – Exemplo do Programa de Alteração de Dados de um Arquivo

```
PROGRAM ALTERAÇAO;
USES CRT;
TYPE carro = RECORD
       placa : string[7];
       marca : string[20];
       ano : integer;
       END;
       frota = FILE OF carro;
VAR   DETRAN : frota;
      CARROS : carro;
      PLACA : STRING[7];
      MARCA : STRING[20];
      I, ANO, K, POSICAO : INTEGER;
      ACHOU : BOOLEAN;
BEGIN
CLRSCR;
ASSIGN(DETRAN, 'CARROS.DAT');
RESET(DETRAN);
K := FILESIZE(DETRAN);
I := 0;
ACHOU := FALSE;
WRITELN('DIGITE A PLACA DO CARRO QUE DESEJA ALTERAR');
READLN(PLACA);
WHILE ( I <= K - 1 ) DO
       BEGIN
       SEEK(DETRAN, I);
       READ(DETRAN,CARROS);
```

```
            IF CARROS.PLACA = PLACA
               THEN BEGIN
                      POSICAO := I;
                      I := K + 1;
                      ACHOU := TRUE;
                    END
               ELSE I := I + 1;
        END;
   IF ACHOU = TRUE
      THEN BEGIN
             WRITELN('DIGITE A NOVA MARCA DO CARRO');
             READLN(MARCA);
             WRITELN('DIGITE O NOVO ANO DO CARRO');
             READLN(ANO);
             CARROS.PLACA := PLACA;
             CARROS.MARCA := MARCA;
             CARROS.ANO := ANO;
             SEEK(DETRAN, POSICAO);
             WRITE(DETRAN, CARROS);
             WRITELN('ALTERAÇÃO EFETUADA');
           END
      ELSE WRITELN('CARRO NÃO CADASTRADO');
   CLOSE(DETRAN);
   END.
```

9.19 – Exemplo do Programa de Consulta Geral de Dados em um Arquivo

```
PROGRAM CONS_GERAL;
USES CRT;
TYPE carro = RECORD
     placa : string[7];
     marca : string[20];
     ano : integer;
     END;
     frota = FILE OF carro;
VAR  DETRAN : frota;
     CARROS : carro;
BEGIN
CLRSCR;
ASSIGN(DETRAN, 'CARROS.DAT');
RESET(DETRAN);
WHILE NOT EOF(DETRAN) DO
```

```
        BEGIN
        READ(DETRAN, CARROS);
        WRITELN( 'PLACA =',CARROS.PLACA);
        WRITELN( 'MARCA =',CARROS.MARCA);
        WRITELN( 'ANO =', CARROS.ANO);
        READLN;
        END;
   CLOSE(DETRAN);
   END.
```

9.20 – Exemplo do Programa de Consulta Específica de Dados em um Arquivo

```
   PROGRAM CONS_ESPECIFICA;
   USES CRT;
   TYPE carro = RECORD
        placa : string[7];
        marca : string[20];
        ano : integer;
        END;
        frota = FILE OF carro;
   VAR  DETRAN : frota;
        CARROS : carro;
        PLACA : STRING[7];
        MARCA : STRING[20];
        I, ANO, K, POSICAO : INTEGER;
        ACHOU : BOOLEAN;
   BEGIN
   CLRSCR;
   ASSIGN(DETRAN, 'CARROS.DAT');
   RESET(DETRAN);
   K := FILESIZE(DETRAN);
   I := 0;
   ACHOU := FALSE;
   WRITELN('DIGITE A PLACA DO CARRO QUE DESEJA CONSULTAR');
   READLN(PLACA);
   WHILE ( I <= K — 1 ) DO
        BEGIN
        SEEK(DETRAN, I);
        READ(DETRAN,CARROS);
        IF CARROS.PLACA = PLACA
             THEN BEGIN
                  POSICAO := I;
```

```
                    I := K + 1;
                    ACHOU := TRUE;
                    END
               ELSE I := I + 1;
          END;
     IF ACHOU = TRUE
          THEN BEGIN
               SEEK(DETRAN, POSICAO);
               READ(DETRAN, CARROS);
               WRITELN(CARROS. PLACA);
               WRITELN(CARROS.MARCA);
               WRITELN(CARROS.ANO);
               END
          ELSE WRITELN('CARRO NÃO CADASTRADO');
     CLOSE(DETRAN);
     END.
```

9.21 – Exemplo de Consulta Formulada de Dados em um Arquivo

Vamos, por exemplo, fazer uma consulta de todos os carros cadastrados que possuem ano inferior a 1995.

```
PROGRAM CONS_FORMULADA;
USES CRT;
TYPE carro = RECORD
     placa : string[7];
     marca : string[20];
     ano : integer;
     END;
     frota = FILE OF carro;
VAR  DETRAN : frota;
     CARROS : carro;
BEGIN
CLRSCR;
ASSIGN(DETRAN, 'CARROS.DAT');
RESET(DETRAN);
WHILE NOT EOF(DETRAN) DO
     BEGIN
     READ(DETRAN, CARROS);
     IF CARROS.ANO  <= 1995
        THEN BEGIN
             WRITELN('PLACA = ',CARROS.PLACA);
```

```
            WRITELN('MARCA =',CARROS.MARCA);
            WRITELN('ANO =', CARROS.ANO);
            READLN;
            END;
        END;
    CLOSE(DETRAN);
    END.
```

9.22 – Lista de Exercícios

1) Faça um programa para incluir registros em um arquivo em que cada registro possui os seguintes campos: número do aluno, nome do aluno, nota1, nota2. Esse arquivo trabalhará com inclusão seqüencial e exclusão lógica.

2) Faça um programa para consultar o nome de todos os alunos que possuem nota 1 e nota 2 menores que 3.

3) Faça um programa para calcular e mostrar a média aritmética e o nome de todos os alunos cadastrados.

4) Faça um programa para excluir alunos do arquivo acima, exclusão lógica.

5) Faça um programa para alterar as notas dos alunos cadastrados pelo exercício número 1.

6) Faça um programa para incluir registros em um arquivo em que cada registro possui os seguintes campos: código do produto, descrição do produto, preço. Esse arquivo trabalhará com inclusão ordenada e exclusão física.

7) Faça um programa para consultar o nome de todos os produtos que possuem preços superiores a 500 reais.

8) Faça um programa para alterar todos os preços dos produtos em 15%.

9) Faça um programa para alterar o preço dos produtos em 10 reais, mas apenas os produtos que já custam mais de 100 reais.

10) Faça um programa para consultar todos os produtos cujos nomes começam pela letra M.

11) Faça um programa para excluir registros do arquivo acima.

12) Faça um programa para consultar os produtos com preços inferiores a 15 reais.

Trabalho I

Sistema de banco de dados trabalhando com exclusão lógica de dados e inclusão seqüencial.

Trabalho II

Sistema de banco de dados trabalhando com exclusão física de dados e inclusão ordenada.

Capítulo 10

Comandos Gráficos

10.1 – Introdução

Quando utilizamos os comandos gráficos devemos utilizar também a unidade GRAPH que é a responsável pela utilização dos arquivos e funções gráficas.

No modo gráfico deixamos de trabalhar com linhas e colunas e passamos a trabalhar com pontos nas coordenadas X e Y, que podem ter diversas combinações de acordo com o hardware que está sendo utilizado.

10.2 – Comando DETECTGRAPH

Este comando é utilizado para detectar o hardware e o modo gráfico atuais, e estas informações são retornadas em duas variáveis do tipo INTEGER.

Exemplo do comando DETECTGRAPH:

```
DETECTGRAPH(GD, GM);
```

Neste comando temos GD recebendo o drive gráfico e GM recebendo o modo gráfico. Um exemplo de GD comumente encontrado corresponde às coordenadas 640 X 480.

10.3 – Comando INITGRAPH

Este comando é utilizado para inicializar o modo gráfico, isto é, tornar todas as operações gráficas da UNIT GRAPH possíveis de serem utilizadas.

Exemplo do comando INITGRAPH:

```
INITGRAPH(GD, GM,'');
```

Neste comando são utilizados os parâmetros GD e GM obtidos pelo comando DETECTGRAPH, e o último parâmetro é uma string que indica qual é o caminho de driver gráfico; se esta string estiver vazia utilizará o caminho corrente.

10.4 – Comando CLOSEGRAPH

Este comando é utilizado para encerrar o modo gráfico e voltar ao modo texto. Toda vez que utilizamos o comando INITGRAPH para inicializar o modo gráfico, devemos utilizar o comando CLOSEGRAPH para encerrar o modo gráfico.

Exemplo do comando CLOSEGRAPH:

```
CLOSEGRAPH;
```

A simples escrita deste comando encerra o modo gráfico.

10.5 – Comando BAR

Este comando é utilizado para desenhar uma barra, e esta barra será preenchida com o estilo e a cor correntes.

Exemplo do comando BAR:

```
BAR(X1, Y1, X2, Y2);
```

Onde X1, Y1, X2 e Y2 são variáveis do tipo INTEGER; X1 e Y1 são as coordenadas do canto superior esquerdo e X2 e Y2 são as coordenadas do canto inferior direito.

10.6 – Comando BAR3D

Este comando é utilizado para desenhar uma barra 3D, e esta barra será preenchida com o estilo e a cor correntes.

Exemplo do comando BAR3D:

```
BAR(X1, Y1, X2, Y2, PROF, TOPO);
```

Onde X1, Y1, X2 e Y2 são variáveis do tipo INTEGER; X1 e Y1 são as coordenadas do canto superior esquerdo e X2 e Y2 são as coordenadas do canto inferior direito; a variável PROF é do tipo WORD e representa a profundidade da barra; e a variável TOPO é do tipo BOOLEAN e serve para preencher o topo (true) ou não (false).

10.7 – Comando SETFILLSTYLE

Este comando é utilizado para selecionar o estilo da linha utilizada nos comandos gráficos e a cor deste linha.
Exemplo do comando SETFILLSTYLE:

SETFILLSTYLE(número do estilo, número da cor);

Onde o número do estilo segue a tabela abaixo:

Número do Estilo	Estilo
0	Utiliza a cor do fundo
1	Utiliza a cor corrente
2	───
3	/////
4	//// espesso
5	\\\\ espesso
6	\\\\
7	Linhas cruzadas perpendicularmente
8	Linhas cruzadas em X
9	Intercalado
10	Pontos espaçados
11	Pontos agrupados

10.8 – Comando FLOODFILL

Este comando é utilizado para preencher desenhos confeccionados pelos comandos gráficos.
Exemplo do comando FLOODFILL:

FLOODFILL(X, Y, COLOR);

Onde X e Y devem ser um ponto dentro da área a ser preenchida pelo comando SETFILLSTYLE, e COLOR deve ser o número da cor da borda do desenho a ser preenchido.

10.9 – Comando CIRCLE

Este comando é utilizado para desenhar um círculo.
Exemplo do comando CIRCLE:

```
CIRCLE(X, Y, RAIO);
```

Onde as variáveis X e Y são as coordenadas do centro do círculo, e a variável RAIO é do tipo WORD e representa o raio do círculo.

10.10 – Comando RECTANGLE

Este comando é utilizado para desenhar um retângulo.
Exemplo do comando RECTANGLE:

```
RECTANGLE(X1, Y1, X2, Y2);
```

Onde as variáveis X1 e Y1 são do tipo INTEGER e representam o canto superior esquerdo; as variáveis X2 e Y2 também são do tipo INTEGER e representam o canto inferior direito.

10.11 – Comando GETMAXX

Este comando é utilizado para retornar a posição máxima de X com o modo de vídeo e driver correntes.
Exemplo do comando GETMAXX:

```
MX := GETMAXX;
```

A variável MX receberá o valor máximo que X pode assumir.

10.12 – Comando GETMAXY

Este comando é utilizado para retornar a posição máxima de Y com o modo de vídeo e driver correntes.
Exemplo do comando GETMAXY:

```
MY := GETMAXY;
```

A variável MY receberá o valor máximo que Y pode assumir.

10.13 – Comando GETX

Este comando é utilizado para retornar o valor da coordenada X no ponto corrente.
Exemplo do comando GETX:

```
PX := GETX;
```

A variável PX receberá a coordenada X do ponto corrente.

10.14 – Comando GETY

Este comando é utilizado para retornar o valor da coordenada Y no ponto corrente.
Exemplo do comando GETY:

```
PY := GETY;
```

A variável PY receberá a coordenada Y do ponto corrente.

10.15 – Comando MOVETO

Este comando é utilizado para mover o ponto corrente para as coordenadas indicadas.
Exemplo do comando MOVETO:

```
MOVETO(X, Y);
```

Onde X e Y representam as coordenadas para onde irá o ponto corrente.

10.16 – Comando MOVEREL

Este comando é utilizado para alterar o ponto corrente relativamente com as coordenadas indicadas.
Exemplo do comando MOVEREL:

```
MOVEREL(20,30);
```

Onde a coordenada atual X é acrescida de 20 pontos, e a coordenada Y é acrescida de 30 pontos.

10.17 – Comando GETCOLOR

Este comando é utilizado para retornar o número da cor corrente que está sendo utilizada para desenhos, traços etc.

Exemplo do comando GETCOLOR:

```
C := GETCOLOR;
```

Onde a variável C receberá a cor corrente, que segue a tabela abaixo:

Número da Cor	Cor
0	Preto
1	Azul
2	Verde
3	Ciano
4	Vermelho
5	Magenta
6	Marrom
7	Cinza-claro
8	Cinza-escuro
9	Azul-claro
10	Verde-claro
11	Ciano-claro
12	Vermelho-claro
13	Magenta-claro
14	Amarelo
15	Branco

10.18 – Comando SETCOLOR

Este comando é utilizado para estabelecer uma nova cor de preenchimento e linhas.
Exemplo do comando SETCOLOR:

```
SETCOLOR(N);
```

Onde N representa o número da cor que passará a ser a cor corrente, seguindo a tabela de cores do item 10.17.

10.19 – Comando GETBKCOLOR

Este comando é utilizado para retornar o número da cor que está sendo utilizada como cor de fundo.
   Exemplo do comando GETBKCOLOR:

```
C:= GETBKCOLOR;
```

Onde C receberá a cor de fundo que está sendo utilizada como corrente.

10.20 – Comando SETBKCOLOR

Este comando é utilizado para estabelecer uma nova cor para o fundo.
   Exemplo do comando SETBKCOLOR:

```
SETBKCOLOR(N);
```

Onde a variável N é a cor do fundo e segue a tabela do item 10.17.

10.21 – Comando SETLINESTYLE

Este comando é utilizado para estabelecer o estilo e a espessura da linha corrente.
   Exemplo do comando SETLINESTYLE:

```
SETLINESTYLE(estilo, molde, espessura);
```

Onde o estilo segue a tabela abaixo:

Número do Estilo	Estilo
0	Linha cheia
1	Linha pontilhada
2	Linha formada por pontos e traços
3	Linha tracejada

O molde sempre assume o número zero.
A espessura pode ser 1 para linha simples ou 3 para linha tripla.

10.22 – Comando LINE

Este comando é utilizado para desenhar linhas que partem de uma coordenada inicial para uma coordenada final.
  Exemplo do comando LINE:

```
LINE(X1, Y1, X2, Y2);
```

A linha iniciará nas coordenadas X1 e Y1 e terminará nas coordenadas X2 e Y2, utilizando os parâmetros definidos pelo comando SETLINESTYLE.

10.23 – Comando LINETO

Este comando é utilizado para desenhar uma linha que parte das coordenadas atuais para as coordenadas dadas.
  Exemplo do comando LINETO:

```
LINETO(X, Y);
```

Onde X e Y são variáveis inteiras e são as coordenadas do final da reta.

10.24 – Comando CLEARDEVICE

Este comando é utilizado para limpar a tela e colocar as coordenadas correntes no ponto 0,0.
  Exemplo do comando CLEARDEVICE:

```
CLEARDEVICE;
```

10.25 – Comando OUTTEXT

Este comando é utilizado para colocar na tela um texto, a partir da posição corrente. Se este texto ultrapassar a borda, ele será truncado. Este texto será escrito com os parâmetros definidos pelos comandos SETTEXTJUSTIFY e SETTEXTSTYLE descritos logo abaixo.
  Exemplo do comando OUTTEXT:

```
OUTTEXT('TURBO PASCAL');
```

O texto TURBO PASCAL será escrito a partir das coordenadas correntes.

10.26 – Comando OUTTEXTXY

Este comando é utilizado para colocar na tela um texto, a partir de uma posição dada. Se este texto ultrapassar a borda, ele será truncado. Este texto será escrito com os parâmetros definidos pelos comandos SETTEXTJUSTIFY e SETTEXTSTYLE descritos logo abaixo.

Exemplo do comando OUTTEXTXY:

```
OUTTEXTXY(20,35,'TURBO PASCAL');
```

O texto TURBO PASCAL será escrito a partir da coordenada X = 20 e da coordenada Y = 35.

10.27 – Comando SETTEXTJUSTIFY

Este comando é utilizado para especificar como o texto será escrito, isto é, definir seus parâmetros.

Exemplo do comando SETTEXTJUSTIFY:

```
SETTEXTJUSTIFY(horizontal, vertical);
```

Onde o parâmetro horizontal é do tipo WORD e pode ser:

0 – texto alinhado pela esquerda;
1 – texto centralizado verticalmente;
2 – texto alinhado pela direita.

Onde o parâmetro vertical é do tipo WORD e pode ser:

0 – texto escrito na parte inferior;
1 – texto centralizado verticalmente;
2 – texto escrito na parte superior.

10.28 – Comando SETTEXTSTYLE

Este comando é utilizado para estabelecer a direção do texto em relação ao ponto corrente, o estilo do texto e o tamanho dos caracteres.

Exemplo do comando SETTEXTSTYLE:

```
SETTEXTSTYLE(fonte, direção, tamanho);
```

Onde a fonte é uma variável do tipo WORD e pode ser:

0 – fonte default;
1 – fonte alta;
2 – fonte de caracteres pequenos;
3 – fonte de caracteres serifados;
4 – fonte de caracteres góticos.

Onde a direção é uma variável do tipo word e pode ser:

0 – escreve caracteres da esquerda para a direita;
1 – escreve caracteres de baixo para cima.

E o tamanho da fonte deve ser definido pelo usuário.

10.29 – Lista de Exercícios

1) Faça um programa que desenhe na tela círculos que mudam de tamanho e cor automaticamente.

2) Faça um programa que desenhe uma casa, como o desenho a seguir:

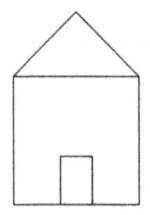

3) Faça um programa que desenhe um gato, como o desenho a seguir:

4) Faça um programa que desenhe um tabuleiro de xadrez.

5) Faça um programa que desenhe seu nome usando os recursos gráficos.